Reden schreiben

Bibliographische Information der Deutschen Nationalbibliothek:
Die Deutsche Nationalbibliothek verzeichnet die Publikation in der
Deutschen Nationalbibliografie; detaillierte bibliografische Daten sind
im Internet über http://dnb.d-nb.de abrufbar.

Gedruckt auf chlorfrei gebleichtem, säurefreiem und alterungsbeständigem Papier.

6. Auflage
ISBN: 978-3-8423-5526-2

Herstellung und Verlag: BoD - Books on Demand, Norderstedt

Eike Christian Petering

Reden schreiben

Der Ratgeber für Redner
vom Redenservice

www.redenservice.de

Einleitung

Seit 20 Jahren hilft der Redenservice Rednern in Deutschland, Österreich und der Schweiz: Unter der Leitung von Dipl.-Journ. Eike Christian Petering verfassen erfahrene Redenschreiber Redetexte für Privatkunden, Unternehmen, Vereine und Verbände.

Ob Geburtstag, Hochzeit, Firmenjubiläum oder Vereinsfeier: Man kann sein persönliches Redemanuskript einfach über das Internet bestellen. Die Angaben über den gewünschten Inhalt und Ton der Rede werden dabei in Stichworten mitgeteilt. Die Redenschreiber können sich somit direkt ans Werk machen und innerhalb kurzer Zeit den Redetext formulieren und dem Kunden übersenden.

Schon im Jahr 2000 wurde der Redenservice vom Unternehmermagazin Impulse zu den „Top-Dienstleistungsideen" gezählt. Mit fairen Preisen, vielen Zahlungsarten, hoher Qualität und einem rund um die Uhr erreichbaren Kundenservice erhöhte der Redenservice seitdem kontinuierlich die Branchenstandards.

Im Jahr 2010 kam das englischsprachige Angebot myspeechwriter.com hinzu und im Jahr 2013 die Textagentur etexter. Somit können neben Redemanuskripten inzwischen auch Artikel, Pressemitteilungen und Werbetexte bei erfahrenen Redakteuren in Auftrag gegeben werden.

„Wir sind einem Grundsatz immer treu geblieben", fasst Dipl.-Journ. Eike Christian Petering das Erfolgsrezept seiner Unternehmung im Jahr 2017 zusammen, „und haben die Kundezufriedenheit stets zum Maßstab für unsere Arbeit genommen." So lautet auch der Redenservice-Slogan seit vielen Jahren unverändert: **Wir geben Ihnen unser Wort.**®

Redevorlagen für private Anlässe

Abiturrede

Es ist eine der schönsten Feiern, die Schüler, Lehrer und Eltern gemeinsam in der Schulaula versammelt: Die Überreichung der Abschlusszeugnisse und die Verabschiedung von der Schule. Für die jungen Absolventen geht damit ein Lebensabschnitt zu Ende.

Viele Jahre haben sie auf der Schulbank verbracht, Siege und Niederlagen erlebt, ihre Persönlichkeit entwickelt. Nun brechen sie auf in eine Zukunft, die ungewiss und doch voller Möglichkeiten ist. Ob Sie die Rede als Schüler, Elternteil oder Lehrer halten: Sie haben es bei diesem Anlass gar nicht so schwer. Die Erhabenheit der Veranstaltung und das Wissen, sich so nicht mehr wiederzusehen, erhöhen selbst bei sonst notorisch ablenkbaren Schülern die Bereitschaft, sich auf eine Rede einzulassen.

Die Herausforderung liegt darin, ihnen mit der Rede einerseits die Bedeutung des vor ihnen liegenden Lebensabschnitts zu vermitteln, sie andererseits jedoch nicht mit unnötigen Zukunftsängsten zu beschweren. Denn waren wir nicht alle selbst einmal Absolventen und haben unseren Weg gefunden?

Abiturrede der Eltern

Liebe Abiturientinnen und Abiturienten,
liebe Lehrerinnen und Lehrer, sehr geehrter Herr Direktor Meier,
liebe Eltern,

jetzt ist es also soweit: Unsere Schützlinge sind flügge und verlassen den Ort, der ihr Leben bis jetzt zu einem großen Teil bestimmt hat. Als Mutter bin ich stolz und gerührt, und so wird es sicherlich allen Eltern ergehen!

Was haben wir nicht alles an Zeit und Nerven verbraucht, wenn wir mit unseren Kindern um die Hausaufgaben gekämpft haben, abends in der Sprechstunde eines Lehrers saßen.

Doch was haben wir auch für Glück daraus geschöpft, wenn unsere Kinder gute Noten mit nach Hause brachten, sich durch freiwilliges Engagement hervortaten oder einfach nur dadurch, dass wir zusehen konnten wie aus kleinen Grundschulkindern Erwachsene wurden.

Ich gebe zu, dass mich dieser Tag auch mit ein wenig Sorge und leiser Melancholie erfüllt. Denn die neue Freiheit, liebe Absolventinnen und Absolventen, birgt viele Chancen, bringt aber auch eine Menge wichtiger Entscheidungen mit sich.

Es geht für euch nun darum, einen Studienplatz oder einen Job zu finden, der euch gefällt. Ja, jetzt geht es darum, eure Träume und Wünsche zu verwirklichen. Bei all dem wünsche ich euch von Herzen viel Glück!

Abiturrede des Schulleiters

Liebe Eltern und Verwandte,
Liebe Kolleginnen und Kollegen,
liebe Abiturientinnen und Abiturienten,

als Schulleiter unseres Gymnasiums darf ich euch herzlich gratulieren: Ihr habt mit dem heutigen Tag das Abitur bestanden, den höchste Schulabschluss, welcher in Deutschland vergeben wird. Eine tolle Leistung! Mit dem heutigen Tag endet eure Schulkarriere. Wir entlassen euch feierlich in euer kommendes Leben! Eure Lehrer haben euch in den vergangenen zwölf Schuljahren jede Menge beigebracht. Sie haben euch mit vielseitigem Wissen gerüstet. Es waren Inhalte verschiedenster Relevanz, teilweise lebenswichtig, teilweise auf den ersten Blick etwas weniger relevant. Aber ihr werdet staunen, wie oft ihr auch dieses Rüstzeug später im Studium und Beruf werdet brauchen können!

An dieser Stelle möchte ich euren Lehrern herzlich dafür danken, dass sie die Arbeit, welche die Abiturvorbereitung für sie bedeutet, auch in diesem Jahr wieder mit der gleichen professionellen Gelassenheit gemeistert haben, für die unsere Schule mittlerweile allgemein bekannt ist.

Liebe Abiturientinnen und Abiturienten! Vergesst nicht, auch euren Familien zu danken, für all die schlaflosen Nächte, die ihr ihnen bereitet habt, für ihre Unterstützung, ihren Humor und ihre Geduld!

Mit dem Abitur endet eure Schulzeit. Jetzt wird jeder von euch seinen eigenen Weg gehen. Manche machen ein Freiwilliges Soziales Jahr, andere fangen bald ihre Ausbildung oder ihr Studium an. Einige haben sich noch nicht entschieden, aber ihr wisst alle, dass sich eure Wege hier – an dieser Stelle – in den meisten Fällen trennen werden.

Ich möchte die Gelegenheit nutzen, euch zu bitten, folgendes zu beherzigen: Über die Jahre hinweg haben sich Freundschaften entwickelt, die noch sehr lange halten können, wenn ihr sie pflegt. Unterstützt euch gegenseitig! Übernehmt Verantwortung, trefft wenn nötig auch mal eine mutige Entscheidung – und steht dazu!

Begrüßungsrede

Ob Geburtstagsfeier oder ein Fest in der Nachbarschaft: Wer seine Gäste schätzt, der heißt sie mit einer kurzen Begrüßungsrede willkommen. Sie soll von Herzen kommen und doch so viel Tiefgang haben, dass die Gäste merken: Hier hat sich jemand Gedanken gemacht und sich vorbereitet.

Wichtig ist gerade bei größeren Anlässen die förmliche Begrüßung: Sie dürfen niemanden vergessen und auch für die richtige Reihenfolge gibt es Regeln.

Davon abgesehen haben Sie große stilistische Freiheit: Ob Sie Ihre Begrüßungsrede nun ganz sachlich oder gar in Reimform vortragen - entscheidend ist allein, wie gut sich Ihre Gäste unterhalten fühlen.

Ein großes Dankeschön ist Ihnen für die Rede in jedem Fall bereits sicher: Zeugt der Vortrag einer gelungenen Rede zur Begrüßung doch von Ihrer Anerkennung für die Gäste.

Liebe Familie!
Liebe Freunde!

Es ist einfach schön, dass ihr heute alle zu meinen Ehren gekommen seid! Ich freue mich sehr, heute mit euch zusammensitzen zu können, und dass obwohl manch einer dafür einen ziemlich weiten Weg auf sich nehmen musste!

Ehrlich gesagt ist der Anlass unseres Zusammenkommens, mein 40. Geburtstag, für mich nicht gerade ein Freudentag. Dreißig zu werden war ja schon schlimm.

Aber vierzig? Das ist wirklich hart. Wehe euch, ich finde in meinen Geschenken auch nur eine dieser Scherzkarten, die mich als Opa ansprechen!

Was mich über mein Alter heute Abend aber sicherlich hinwegtrösten wird, ist die Aussicht auf ein gutes Essen – die Küche dieses Restaurants ist wirklich exzellent – auf die gutgefüllte Bar desselben und auf euch an meiner alternden Seite. Also, lassen wir es uns gutgehen!

Wie lautet der Spruch gleich wieder? Man ist nur so alt wie man sich fühlt. Dann, meine Lieben, will ich mich morgen, wenn ich mit einem gehörigen Kater aufwachen werde, wie 40 fühlen. Aber nur dann!

Dankesrede

Danke zu sagen, ist meistens gar nicht schwer. Denn schließlich ist dem Dank ja eine Handlung vorausgegangen, ein Geschenk, ein Gefallen, eine Aufmerksamkeit. Sich hierfür zu bedanken, sollte selbstverständlich sein. Und wer sich besonders gefreut hat, kann sich mit einer besonders gelungenen Rede bedanken. Häufige Anlässe sind etwa Familienfeiern und Treffen im Freundeskreis.

Entscheidend für die Wirkung einer solchen Rede ist, wie persönlich sie wird. Daher legen wir unser ganzes Augenmerk darauf, Ihrem Dank eine aufrichtige, von Herzen kommende Sprache zu geben. Eine Dankesrede soll schließlich die Freude des Dankenden ausdrücken. Wenn das gelingt, ernten Sie zu Recht viel Anerkennung und – Dankbarkeit!

Lieber Onkel Winfried!
Liebe Familie und Freunde!

Auf den Tag genau ist es nun 30 Jahre her, dass du, lieber Onkel Winfried, mich nach dem tragischen Unfalltod meiner Eltern adoptiert hast. Als einziger Taufpate warst du dir deiner Verantwortung für mich immer bewusst und hast nicht einen Moment lang gezögert, dich um mich, das damals erst drei Jahre alte Kind, zu kümmern.

Ich bin bei dir und deiner lieben Frau Else aufgewachsen. Mit drei Jahren bekommt man schon eine Menge von dem mit, was um einen herum passiert.

Der Tod meiner beiden Eltern traf mich damals sehr. Ihr habt euch alle Mühe gegeben und es auch geschafft, mir dennoch eine geborgene und soweit es eben möglich war, auch unbeschwerte Kindheit zu ermöglichen. Leider weilt Else heute nicht mehr unter uns. Sie war dir, lieber Onkel Winfried, eine wunderbare Ehefrau und für mich die beste Stiefmutter auf der Welt. Es war für mich selbstverständlich, euch in den schlimmen Jahren ihrer Krankheit beizustehen, so wir ihr mir damals Halt gegeben habt.

Liebe Familie! Liebe Freunde! Auch ihr habt uns immer unterstützt, immer waren helfende Hände da, wenn ich oder meine Stiefeltern sie brauchten. Dafür möchte ich euch allen heute von Herzen danken!

Ehejubiläumsrede

Wenn nach vielen Hochzeitstagen die großen Ehejubiläen anstehen, ist dies ein schöner Grund zum Feiern. Ob Silberhochzeit, Goldhochzeit oder sogar Diamantene Hochzeit: Die meisten Paare feiern diese Jubiläen im großen Rahmen mit Verwandten und Freunden. Schließlich hatten sie alle Anteil am gemeinsam zurückgelegten Weg.

Eine Feier zum Ehejubiläum ohne Ansprache wäre undenkbar. Doch wer hält sie? Meist sind es die Kinder, die ihre Eltern würdigen. Doch auch andere Konstellationen sind möglich: Etwa eine gemeinsame Rede des Ehepaars für seine Gäste oder die Rede eines langjährigen Freundes.

Rede zur goldenen Hochzeit

Lieber Vater,
liebe Mutter,

noch gut kann ich mich daran erinnern, lieber Vater, wie Du damals bei meiner Hochzeit die Brautvaterrede gehalten hast. Du sagtest: „Eine Hochzeit ist etwas Wunderbares – doch zusammen alt werden dürfen, das ist ein Wunder!" Damals habe ich gedacht: So schwer kann das doch gar nicht sein – weshalb ein Wunder?

Heute kann ich begreifen, was du damals gemeint hast. Ein Wunder ist etwas, vor dem man staunend steht. Und so geht es mir heute – und euch noch viel mehr.

Ihr steht staunend da, auf einer Anhöhe nach langem Fußmarsch, und betrachtet euer gemeinsames Leben: Höhen, Tiefen, Sonnen- und Regentage, Sorgen und Nöte, Glück und Zufriedenheit.

Ihr staunt – vielleicht darüber, wie schnell die Jahre vergangen sind und wie groß die Familie geworden ist: Kinder, Enkel und Urenkel.

Euer Haus ist voll, wenn wir da sind. Euer „Ja" damals vor fünfzig Jahren hat Früchte getragen. Ohne Frage – ohne euch wären wir heute nicht auf dieser Feier!

Ein Wunder: Fünfzig Jahre Liebe, Fürsorge, gegenseitige Achtung und Respekt. Fünfzig Jahre aber auch Eigenheiten ertragen, fünfzig Jahre lernen, den anderen zu nehmen, wie er ist.

Wie aber seid ihr, was sind eure Eigenheiten? Wie war das damals? Was wissen wir Kinder über euch? Dies ist der Tag, an dem ich das Gegenstück zur eigenen Hochzeitsrede halten kann. Damals wurde allen Gästen viel über mich erzählt. Heute nun bin ich die, die etwas auf dem Papier stehen hat. Am Tag dieses Wunders wundert Ihr euch nun vielleicht darüber, was man von euch so alles weiß...

Rede zur Silberhochzeit

Liebe Gäste, Nachbarn und Freunde,

ich begrüße euch alle sehr herzlich! Danke, dass ihr heute gekommen seid, um mit uns unsere 25-jährige Abenteuerreise zu feiern, die man auch Silberhochzeit nennt.

Ein Gläschen Sekt habt ihr ja schon vor euch stehen. Lasst uns also zunächst anstoßen: Auf gute Laune und viel Spaß bei unserer Party!

Bevor ihr gleich den Grill und später die Tanzfläche stürmt, liegt es mir sehr am Herzen einige Worte an dich, Thomas, den Mann an meiner Seite, zu richten.

Ein Zitat des dänischen Dichters Sören Kierkegaard lautet:
„Die Ehe ist und bleibt die wichtigste Entdeckungsreise, die der Mensch unternehmen kann."

Nach 25 Jahren mit dir, lieber Thomas, kann ich das nur bestätigen. Ein Vierteljahrhundert reisen wir schon gemeinsam durchs Leben! Wie im Flug ist die Zeit vergangen. Entdeckt haben wir in all der Zeit, dass es immer irgendwie weitergeht. Egal, was kommt.

Ich danke dir heute für all das Glück, die Geborgenheit, das Verständnis und die Liebe, die du mir und unseren Kindern Tobi und Sonja auf unserer gemeinsamen Lebensreise geschenkt hast!

Als wir mit 25 Jahren geheiratet haben, war es eine Reise ins Ungewisse. Wir wussten nur, dass wir sie gemeinsam antreten wollten. Wie sollte es mit dem Prinzen und der Prinzessin nach dem Happy-End weitergehen? Die Antwort darauf gab uns das Leben.

Ein Leben ohne meinen Prinzen kann ich mir gar nicht vorstellen. Mit dir an meiner Seite machen mir alle Hexen und Drachen der ganzen Welt nichts aus. Zusammen haben wir viel erreicht und fanden den Weg aus so manchem tiefen Tal. Viele kleine und große Abenteuer haben wir gemeinsam erlebt.

Eines der größeren Abenteuer war der Bau unseres Hauses. Hier lernten wir gleich nach unserer Hochzeit, dass die Liebe kein Solo ist, sondern ein Duett. Monatelang schufteten wir zwischen Staub und Steinen. Daneben noch unsere Arbeit als Krankenschwester und Fernmeldetechniker. Doch das schweißte uns auch zusammen. Was waren wir froh, als unser gemütliches Nest hier im schönen Taunus endlich fertig war!

Leben, wo andere Urlaub machen, das haben wir gemeinsam geschafft. Unsere Liebe ist dabei mit jeder Berührung, jedem Streit, jedem Kuss und jeder Versöhnung gewachsen. Wenn mich jetzt jemand nach dem Rezept für eine lange, glückliche Ehe fragt, dann muss ich passen. Ich kann euch aber sagen, woran man den Richtigen erkennt: „Der richtige Mensch ist nicht der, mit dem immer alles toll ist, sondern der, ohne den alles blöd ist."

Blöd wäre es aber auch ohne Tobi und Sonja geworden. Eure ersten Schritte, die ersten Worte, daran erinnern wir uns so gerne zurück. Jetzt macht ihr die ersten Schritte in euer eigenes Leben und das ist gut so. Eure erste Reise ohne „die Alten" kommt bald. Wir wünschen euch eine aufregende Zeit und uns, dass wir diese Zeit überleben!

Viele Erinnerungen und Erlebnisse machen unsere Ehegeschichte aus. Wir werden heute mit euch, liebe Gäste, bestimmt noch über das eine oder andere Erlebnis reden. Denn auch ihr seid Teil unserer Geschichte und dafür wollen wir euch danken. Außerdem sei gesagt: Ja, es gibt ein Leben nach der Silberhochzeit! Das hoffentlich genauso wie bisher mit großen und kleinen Abenteuern weitergeht...

Festrede

„Man muss die Feste feiern, wie sie fallen", heißt es im Volksmund. Und tatsächlich gibt es neben klassischen Anlässen wie Geburtstagen oder Hochzeiten viele weitere schöne Gründe, ein Fest zu feiern. Die Gäste sind meist Verwandte, Freunde und Nachbarn.

Gemeinsames Essen und Trinken gehören ebenso dazu wie Musik und Tanz. Dafür, dass ein Fest darüber hinaus in Erinnerung bleibt, sorgt eine Festrede des Gastgebers. Aber auch einer der Gäste kann mit einer eigenen Festrede seiner Freude Ausdruck verleihen. Besonders dem Gastgeber fällt es mit seiner Festrede zu, die Anwesenden formell zu begrüßen und dem gemeinsamen Beisammensein einen Zweck zu geben. Darüber hinaus sollte er persönlich auf seine Gäste und die Erlebnisse der vergangenen Zeit eingehen. Denn während wir Verwandte und Freunde im Alltag in der Regel nur selten sehen, bringen

Feiern uns mit ihnen zusammen. Ein wertvoller Moment, den man angemessen würdigen kann.

Liebe Gäste!

wie jeden Sommer freue ich mich auf den Tag, an dem ich dieses weiße, bodenlange Sommerkleid, in dem ich jetzt vor euch stehe, anziehen kann. Vor 11 Jahren hat es mir mein Mann zu unserem ersten Sommerfest geschenkt.

Heute ist es also wieder soweit und ich darf euch alle, meine Lieben, herzlich zu unserem alljährlichen Sommerfest im Garten unseres Hauses begrüßen!

Ich bin glücklich und tief gerührt, dass es wieder weit über 100 Freunde aus allen Teilen Niedersachsens hierher geschafft haben. Lasst uns zusammen trinken, essen und tanzen!

„Bei einem Festmahl sollte man mit Verstand essen, aber nicht zu gut, und sich nicht mit zu viel Verstand unterhalten." So hat das der englische Schriftsteller William Somerset Maugham gesehen.

Ich möchte euch dagegen auffordern, richtig gut zu essen und euch dabei auch noch richtig gut zu unterhalten. Und weil ihr mir schon zehnmal bewiesen habt, dass ihr das könnt, möchte ich euch jetzt auch subito in Richtung Buffet schicken! Lasst es euch schmecken!

Geburtstagsrede

Geburtstage gibt es jedes Jahr – und doch feiern wir insbesondere die runden Ehrentage mit großem Aufwand. Ob 50. Geburtstag, 70. Geburtstag oder gar 90. Geburtstag: Mit zunehmendem Alter gewinnen Geburtstage zusätzlich an Bedeutung.

Sind sie doch eine Möglichkeit für Familie, Verwandte und Freunde, dem Geburtstagskind ihre Wertschätzung auszudrücken. „Wie schön, dass du geboren bist", singen wir. Mit erlesenen Speisen, Getränken und der obligatorischen Torte feiern wir. Und mit einer persönlichen Geburtstagsrede würdigen wir das Geburtstagskind.

Natürlich sind Publikum und Inhalt dieser Rede bei einem 30. Geburtstag anders als bei einem 80. Geburtstag. Genauso sollte der Inhalt der Geburtstagsrede auf den Rahmen der Feier abgestimmt sein. Ein formelles Essen in einem Sterne-Restaurant verlangt nach einer anderen Sprache als das lockere Beisammensein im Festzelt.

Doch im Kern haben alle Reden zum Geburtstag das gleiche Ziel: Sie zeigen dem Geburtstagskind damit, wie wichtig er oder sie Ihnen ist. Die anderen Gäste unterhält die Rede zugleich mit Anekdoten über gemeinsame Erlebnisse. Richtig gelungen ist eine Geburtstagsrede aber erst dann, wenn sie über die Feier hinaus im Gedächtnis bleibt.

**Liebes Geburtstagskind Harald,
liebe Familie und Freunde,**

„der Mensch sieht kummervoll und stier auf ein weißes Blatt Papier..." Ja, lieber Harald, so ging es mir, als ich mich mit deiner Geburtstagsrede beschäftigt habe. Ganz genau wie Eugen Roth es formuliert. Um doch etwas auf mein Papier zu bekommen, habe ich einmal geschaut, wie großen Persönlichkeiten zu ihrem fünfzigsten Geburtstag gratuliert wurde. Dabei habe ich neben kuriosen Geschenken oder seltsamen Ideen einen Satz gefunden, bei dem ich leicht schmunzeln musste. Da stand: Als der große Philosoph Emanuel Kant seinen fünfzigsten Geburtstag feierte, begann der Festredner mit den Worten: „Ehrwürdiger Greis!"

Das, lieber Harald, will ich mir heute nicht erlauben. Ich glaube, dieser „ehrwürdige Greis" würde mir daraufhin nicht nur das Wort, sondern auch Essen und Trinken verbieten – ein ganz schlechter Gedanke angesichts dessen, was ich hier so alles erwarten darf: Wein, gutes

Essen – nein, nein, du bist kein Greis. Und wenn ich das je behaupten würde, dann erst nach dem Dessert!

Fünfzig Jahre, lieber Harald, da bist du noch nicht mal ein halber Heesters. Du hast also noch einiges vor dir, kannst noch lange wandern, reisen und all die Dinge tun, die dir Spaß machen. Ein Greis? Nein, ich weiß, dass du uns wieder eines Besseren belehren wirst. Spätestens dann, wenn wir den Berg hinaufkeuchen, während du dir schon längst den Spruch für das Gipfelbuch überlegst.

Oder wenn du um Mitternacht fragst: „Was machen wir noch?" – während wir so langsam daran denken, den Heimweg anzutreten. Nein, dein „Greislauf" ist noch gut in Schwung.

Und er ist noch fähig, all das zu tun, was wir in den vergangenen Jahren miteinander genossen haben. Um auch dein Erinnerungsvermögen stabil zu halten, will ich es nun etwas aktivieren und auch deine Gäste an einigen Episoden aus den letzten fünfzig Jahren teilhaben lassen...

Gratulationsrede / Lobrede

Es gibt viele gute Gründe, zu gratulieren: Das bestandene Abitur, der Führerschein, das Examen – die meisten Anlässe sind mit dem persönlichen Werdegang verbunden. Sei es auf einer großen Feier oder im ganz kleinen Kreis: Mit einer persönlichen Gratulationsrede verleihen Sie Ihrer Gratulation Gewicht und zeigen, wie wichtig Ihnen Ihr Angehöriger oder Freund ist.

Im Mittelpunkt der Gratulationsrede steht natürlich die vollbrachte Leistung. Diese gilt es angemessen zu würdigen. Doch darüber hinaus zeichnet sich eine gelungene Lobrede dadurch aus, einen Schritt weiter zu gehen: Solch eine Rede charakterisiert auch die Persönlichkeit des Gelobten, geht auf gemeinsam Erlebtes ein und lässt auch die Zukunft nicht außen vor.

Wem es gelingt, einen solchen Rundumschlag dennoch kurzweilig und unterhaltsam zu gestalten, dem sind Applaus und die aufrichtige Dankbarkeit seiner Zuhörer gewiss.

Lieber Thomas!
Liebe Familie und Freunde!

jetzt ist es also endlich geschafft: Studium, erstes Staatsexamen, Referendariatszeit und zweites Staatsexamen. Was ich hier auf wenige Worte reduziere, vorgetragen in ein paar Sekunden, hat Thomas in Wahrheit mehrere Jahre lang beschäftigt.

Das hat ihn Stunden, Tage, Wochen, Monate am Schreibtisch verbringen lassen, ihn Schweiß und Mühe gekostet und ganze Bücherregale mit dicken, sperrigen Gesetzestexten gefüllt. Mein Sohn, ich und deine ganze Familie sind stolz auf deine Beharrlichkeit und erst recht auf deine erbrachten Leistungen!

Nun bist du ein „mit allen Wassern gewaschener" Jurist und ein wandelndes Gesetzbuch – zumindest den zahlreichen Paragraphen nach, die du in den letzten Jahren auswendig gelernt hast. Lieber Thomas, wir gratulieren dir herzlich zu deinem bestandenen zweiten Staatsexamen und wünschen dir einen tollen Job, in dem du dein Interesse für Wirtschaftsrecht einbringen kannst!

Mit dem heutigen Tag geht die Zeit deiner Ausbildung zu Ende. Wir haben einmal nachgerechnet, wie lange das alles gedauert hat, und sind von deinem ersten Schultag bis heute auf sage und schreibe 22 Jahre gekommen.

Nein, lieber Thomas, keine Angst, wir wollen dir hier nicht vorwerfen, ein „Bummelstudent" gewesen zu sein. Du wahrst das glatte Gegenteil und hast deine Ziele immer fleißig und zielstrebig erreicht. Aber ein paar Anekdoten haben sich in dieser Zeit doch angesammelt, die deine heute versammelte Verwandtschaft noch nicht kennt...

Hochzeitsrede

Die Hochzeit ist ein wunderbares Ereignis für das Brautpaar sowie die Familien und Freunde. Traditionell hält häufig der Brautvater eine Rede zur Hochzeit, aber auch Verwandte und Gäste nutzen gern die Möglichkeit, ihre Wertschätzung mit einer Hochzeitsrede auszudrücken.

Der persönliche Bezug auf das Brautpaar ist bei solchen Reden besonders wichtig: Sicher kennen Sie die eine oder andere Anekdote, liebenswerte Eigenschaften und besondere Erlebnisse. Was möchten Sie den künftigen Eheleuten mit auf den Weg geben? Vielleicht Zitate großer Dichter und Schriftsteller zum Thema Ehe?

Besonders schön wird eine Rede zur Hochzeit meist dann, wenn es gelingt, den Bogen zu spannen von gemeinsamen Erlebnissen über die allgemeinen Herausforderungen der Ehe bis hin zu Ihren Wünschen für das junge Paar.

Rede des Brautvaters

Liebe Hochzeitsgäste,
liebes Brautpaar!

„So lange wie ich denken mag,
werd´ ich die Stunde und den Tag
den Augenblick vor Augen haben,
an dem sie dich mir, winzig und warm
zum ersten Mal in meinen Arm
und in mein Herz zu schließen gaben...“

Mit diesen Worten beschreibt der Liedermacher Reinhard Mey einen der Momente, die uns Eltern ans Herz gehen, Momente, die man nie mehr im Leben vergessen kann. Auch heute, nach fast dreißig Jahren, erinnere ich mich an diesen Tag, als wäre es gestern gewesen. Als ich damals Großeltern, Onkel, Tanten und Freunde informierte, war ich unendlich stolz, sagen zu können: Es ist soweit! St. Vincent Krankenhaus – ein Mädchen!

Zu diesem Anlass heute, drei Jahrzehnte später, haben wir wieder Verwandte und Freunde informiert. Wieder war ein Datum im Blick, wieder die Vorfreude groß, wieder der Vaterstolz in meiner Stimme als ich sagen durfte: Es ist soweit! Markuskirche – mein Mädchen! Und doch ist da ein gewaltiger Unterschied. Denn damals, als sie auf die Welt gekommen ist, durfte ich dieses Mädchen mit nach Hause nehmen. Ich habe sie im wahrsten Sinne des Wortes auf Händen getragen. Sie hat mich angehimmelt, mich angelacht – ich war über viele Jahre ihr Held.

Heute, bei ihrer Hochzeit, lasse ich sie ziehen. Sie himmelt nun einen anderen an, lacht mit ihm. Heute ist er ihr Held. Heute will er sie auf Händen tragen. Diesen guten Vorsatz, den der Bräutigam hegt, will ich gerne unterstützen. Und vielleicht mag es dabei auch hilfreich sein, wenn er noch etwas mehr über seine Angetraute erfährt...

Brautrede

Liebe Familie,
liebe Freundinnen und Freunde!

Ich freue mich sehr, dass ihr heute hier zusammen mit uns den wichtigsten, bedeutsamsten und schönsten Tag unseres Lebens feiert. Diesen wunderbaren Moment mit euch allen zu teilen, ist der beste Start in unsere Ehe, den ich mir vorstellen kann. Der dänische Existenzphilosoph Sören Kierkegaard schreibt: „Die Ehe ist und bleibt die wichtigste Entdeckungsreise, die der Mensch unternehmen kann."

Ich bin unglaublich gespannt und freue mich sehr auf diese Entdeckungsreise, auf das neue Abenteuer, das auf uns gemeinsam wartet. Und wir werden dieses Abenteuer natürlich nicht ganz alleine bestreiten, denn ihr, liebe Freunde und Familie, werdet uns natürlich immer auch auf unserer Reise begleiten – so wie ihr uns auch schon bis zum heutigen Tag begleitet habt.

Die Liebe und Freundschaft, die ihr uns schenkt, sind ein phantastisches Fundament für unseren neuen gemeinsamen Lebensweg. Ich danke euch allen sehr für die Unterstützung, die ihr uns über die vergangenen Jahre und speziell auch in den letzten Wochen im Zuge der Hochzeitsvorbereitungen habt zuteilwerden lassen.

Durch euren unermüdlichen Einsatz und die liebevolle Hilfe bei der Organisation der heutigen Hochzeitsfeier und des Polterabends sind beide Tage absolut perfekt geworden.

Ganz anders als in der wohl vielen bekannten turbulenten US-amerikanischen Filmkomödie „Vater der Braut" aus dem Jahr 1991, in der die Hochzeitsvorbereitungen des zuweilen übereifrigen und sehr speziellen Partyveranstalters Franck Eggelhoffer den Brautvater George Banks, herrlich gespielt von Steve Martin, an den Rand eines Nervenzusammenbruchs treiben, verliefen die unsrigen dank eures großartigen Engagements völlig reibungslos und stressfrei, ohne dass dabei der Spaß bei allen Beteiligten zu kurz gekommen wäre.

Also nochmals: Tausendfachen Dank an alle, die dazu beigetragen haben, dass der Auftakt unserer Entdeckungsreise so grandios gelungen ist!

Ich weiß heute selbstverständlich nicht, was unsere Reise in der Zukunft bereithalten wird. Es werden sicherlich auch schwierigere Etappen zu meistern sein, aber ich bin natürlich hoffnungsvoll, dass die positiven und schönen Stunden überwiegen werden.

In jedem Fall ist es aber für uns unschätzbar wertvoll, Menschen wie euch an unserer Seite zu haben. Mit euch wird es ganz sicher leichter werden, wenn wir uns durch die stürmischen Zeiten unserer Ehe manövrieren müssen und um so vieles schöner, wenn wir die guten Phasen und wunderbaren Augenblicke mit euch teilen und genießen können!

In diesem Sinne: Genießt mit uns zusammen den heutigen Tag, ebenso sehr wie wir beide ihn genießen...

Kommunionsrede / Konfirmationsrede

Sowohl die Erstkommunion in der katholischen Kirche als auch die Konfirmation in der evangelischen Kirche sind wichtige Ereignisse für die jungen Gemeindemitglieder. Nach der Kirche geht es meist mit der ganzen Verwandtschaft in ein Restaurant oder nach Hause, um den Anlass gebührend zu feiern. Gerade für Eltern und Taufpaten bietet sich hier eine kurze Ansprache an. Aber auch Geschwister, Tanten, Onkel, Cousins, Nichten und Neffen können mit einer schönen Rede gratulieren und ihrer Freude Ausdruck verleihen.

Im Mittelpunkt stehen dabei natürlich das Kommunionkind / der Konfirmand sowie die Wünsche und Ratschläge des Redners für dessen weiteren Lebensweg. Eine gelungene Kommunionsrede oder Konfirmationsrede geht auf die konkrete Situation des Kindes ein.

Lieber Anton!
Liebe Familie!

schön, dass wir alle – Oma, Opa, Tanten, Onkel, Cousins, Cousinen und Enkelkinder – heute zusammengefunden haben, um die Kommunion von Anton zu feiern, gemeinsam zu essen und zu trinken! Lieber Anton, mit dem heutigen Tag hast du eine wichtige Weiche für dein Leben gestellt. Wir wünschen dir vom Herzen alles Gute für deine Zukunft!

Hinter dir liegt ein Jahr Kommunionvorbereitung. Nachmittags, nach der Schule hast du dich zusammen mit deinen Klassenkameraden getroffen und dich auf den heutigen Tag vorbereitet.

Es war eine interessante, aber manchmal auch anstrengende Zeit für dich. Das Basteln und Lesen von Geschichten in der Bibel hat dir immer viel Spaß gemacht, wie du mir erzählt hast.

Aber statt Gebete auswendig zu lernen hättest du manchmal gerne lieber Fußball gespielt. Nicht wahr? Natürlich ist uns das nicht entgangen.

Deswegen schenken wir dir, lieber Anton, zusammen mit Oma und Opa ein Fußballtrikot deiner Lieblingsmannschaft, neue Fußballschuhe und einen neuen Fußball!

Liebe Familie, mit der Kommunion führt uns heute ein wirklich freudiger Anlass zusammen. Es freut uns, dass ihr alle – von nah und von fern – anreisen konntet. Lasst uns einen wunderbaren Tag zu Ehren Antons verbringen!

Richtfestrede

Das Haus ist gebaut, die oft jahrelange Anstrengung zahlt sich aus. Höchste Zeit für das Richtfest! Verwandte, gute Freunde und – vor allem – die neuen Nachbarn sind herzlich eingeladen. Meist hält der Bauherr die Richtfestrede, bedankt sich für die Unterstützung und das Ertragen von Baulärm.

Die Kernbotschaft: Es hat sich gelohnt! Doch manchmal hält auch ein anderer Gast die Rede: Etwa der Architekt, der noch einmal die Herausforderungen und Aufgaben während des Baus schildert.

Oder ein Nachbar, der stellvertretend für die gesamte Nachbarschaft den neuen Bewohner begrüßt, hält eine Rede. Unabhängig davon, wer spricht: Bei einer Rede zum Richtfest haben Sie es meist mit einem sehr gemischten Publikum zu tun: Familie und Verwandte einerseits, Nachbarn und Bauunternehmen andererseits.

Eine gute Richtfestrede wird ihnen allen gerecht und lässt sie mit Stolz auf die vollbrachte Leistung zurückblicken.

Meine sehr geehrten Damen und Herren!
Liebe Kollegen!

„Nun hat der Bau sich hier erhoben
nun kann das Werk den Meister loben!"

Wenn wir heute diesen Anbau am ehemaligen Pfarramt und heutigen Privathaus der Familie Kämmerer einweihen, dann tun wir das mit Stolz. Wir haben es wieder einmal geschafft, einen Bau aufzurichten. Etwas das hält. Etwas das Bestand hat.

Und doch – alleine hätten auch wir das nicht geschultert. Wir stehen zwar in diesem Moment auf dem Gerüst und „über euch", aber „wir alle sein´s Brüder, wir alle sein's gleich!"
„Wir alle sein´s Brüder, wir alle sein's gleich", das war die Losung, die wir Zimmerleute früher, zusammen mit unserem Handwerkszeug und dem Geschick unserer Hände, auf der Walz dabei hatten!

„Wir alle sein´s Brüder, wir alle sein's gleich." Keiner besser, keiner schlechter als der andere. Ob Zimmermann oder Maurer, Architekt oder Bauherr – jeder ist angewiesen auf das Können des anderen, angewiesen auf Geschick, auf Talent, auf Weitsicht.

Wir alle haben unser Bestes gegeben. Nun liegt es an euch, das Haus mit Leben zu erfüllen und wo liegt es näher, als bei dem Anbau einer Kirche auch den Segen Gottes zu erbitten. Und denkt, wenn Ihr nach Vollendung des Bauwerks einen Zimmermann seht, daran:

„Ihr seht sie auf der Rüstung, auf dem First und in den Sparrn
und wartend auf der Straße, um ein Stück mit Euch zu fahr'n
Drum, brave Christen, ehe ihr vorbeifahrt, denkt daran:
Der Herr, zu dem ihr betet, war auch ein Zimmermann."
(R. Mey)

Diese Zimmermänner wünschen Euch alles Gute und geben das Wort weiter, bevor sie mit dem Richtspruch dann dieses Fest eröffnen...

Taufrede

Von der eigenen Taufe haben die allermeisten von uns wenig bis gar nichts mitbekommen. Wie anders verhält es sich doch, wenn die eigenen Kinder getauft werden! Keine Frage: Die Taufe ist ein wichtiger Moment im Leben jedes Christen. Und nach der Kirche wird dies in der Regel noch gebührend gefeiert. Zu Hause oder in einem Restaurant.

Zu diesem schönen Anlass eine Taufrede zu halten, obliegt natürlich zuerst den stolzen Eltern. Aber auch die Taufpaten nutzen gern die Gelegenheit, ihrem Schützling einige gute Wünsche mit auf den Weg zu geben. Eine gelungene Rede zur Taufe geht persönlich auf die Familie und die anwesende Verwandtschaft ein und lässt zugleich immer auch die eigentliche Hauptperson des Tages hochleben. Auch wenn die sich hinterher vermutlich an nichts erinnern wird.

Liebe Helga!
Lieber Thomas!
Liebe Familie und Freunde!

Wir feiern heute die Taufe der kleinen Christine, zu deren Ehren ich ein paar Worte sagen möchte, auch wenn sie mich jetzt noch nicht verstehen kann.

Aber dafür können das ja die stolzen Eltern. Liebe Helga, lieber Thomas: ich freue mich sehr und fühle mich geehrt, dass ihr mich als Taufpatin für euer erstes Kind ausgewählt habt!

Als Mutter von zwei Kindern weiß ich, dass, so einzigartig frischgebackenen Eltern allein die Geburt erscheint, dies nur der Anfang eines langes Prozesses ist.

Die gelebte Zeit wird Christine zu dem machen, was sie ist, oder um es mit den Worten des Philosophen Théodore Jouffroy zu sagen: „Die Geburt bringt nur das Sein zur Welt. Die Person aber wird im Leben erschaffen."

Bei diesem Prozess will ich als Taufpatin, Christine so gut wie ich es kann, unterstützen. Ich will keine Taufpatin sein, die man nur zwei-, dreimal im Jahr zu Gesicht bekommt, sondern ich werde – so wie ihr es euch auch gewünscht habt, liebe Helga und lieber Thomas – für Christine da sein. Darauf gebe ich euch mein Wort.

Und noch etwas: Als zweifach erprobte Mutter kann ich euch nur raten: Genießt die Zeit mit eurer kleinen Christine, denn sie wird schneller zu einem pubertierenden Satansbraten werden als ihr euch das beim Anblick des süßen Gesichtchens vorstellen könnt!

Tischrede

Ob Geburtstagsfeier, Hochzeit oder Richtfest: Es gibt viele schöne Anlässe, eine Tischrede zu halten. Da die Tischrede meist zwischen den Gängen gehalten wird, hören die Gäste in der Regel sehr aufmerksam zu. Ob ihnen dies zum Vergnügen wird oder sie sehnsüchtig den nächsten Gang erwarten, hängt ganz entscheidend vom Manuskript des Redners ab.

Im besten Falle ist eine Tischrede kurzweilig und hat doch auch Tiefgang. Denn niemand möchte nur Banalitäten hören. Wer ist die Hauptperson der Feier? Wen gilt es besonders zu begrüßen oder zu würdigen? Über welche Anekdoten können alle am Tisch gemeinsam lachen? Wer diese Fragen beantworten kann, ist einer gelungenen Tischrede schon einen großen Schritt näher.

Liebe Nachbarn!

Nach vierzig wunderbaren Jahren mit euch hier in Hamburg verlassen meine Frau Irmgard und ich die Stadt, um uns unseren alten Jugendtraum von einem Leben im Süden zu erfüllen. Wir gehen mit einem lachenden, aber auch, gerade wenn ich euch so vor mir sitzen sehe, mit einem weinenden Auge – denn ihr ward die besten Nachbarn, die man sich wünschen kann!

„Nachbarn sind die Prüfungsaufgaben, die uns das Leben stellt." Dieses Zitat des französischen Dramatikers Marcel Achard erinnert uns, dass es auch ganz anders kommen kann. Deutschlands Gerichte sind voller Menschen, die zu erbitterten Feinden wurden, weil sich ihre Gartenzwerge nicht vertragen haben. Wir sitzen heute zum Glück nicht zu Gericht, sondern vor einem herrlichen Gericht und gleich wird es nicht wild, sondern es wird Wild aufgetischt.

Viele Verwandte und Freunde haben uns immer wieder um diese Straße beneidet: Wohnen die meisten von euch doch auch schon seit Jahrzehnten hier. Wie es damals üblich war, haben wir uns gegenseitig bekannt gemacht und wurden bald eine richtig eingeschworene Gemeinschaft von Hamburger „Eingeboren". Als damals die Meiers den schlimmen Hausbrand hatten, da halfen wir alle gemeinsam mit. Als die Straße vergrößert werden sollte, da wehrten wir uns gemeinsam.

Das hat uns bis heute zusammengeschweißt. Auf diese im wahrsten Sinne des Wortes gute Nachbarschaft möchte ich gleich mit euch anstoßen. Was haben wir nicht alles erlebt...

Trauerrede

Der Tod eines Angehörigen oder Freundes ist ein furchtbares Ereignis. Neben dem kirchlichen Begräbnis gibt es immer häufiger auch die weltliche Bestattung mit einer Grabrede. Auch beim Zusammensein nach der Beerdigung bietet sich die Möglichkeit, den Verstorbenen mit einer persönlichen Trauerrede zu ehren.

Liebe Freunde!

es ist schön zu sehen, dass so viele von euch kommen konnten, um von unserem lieben Georg Abschied zu nehmen! Es ist mir eine große Ehre, über einen so außergewöhnlichen Menschen sprechen zu dürfen.

Georg pflegte immer mit Aristoteles zu sagen: „Jeder Tag ist ein Wagnis und wird dadurch erst lebenswert." Ja, er war wirklich jemand, der dem Leben neugierig entgegen geblickt und es mit viel Humor gemeistert hat! Was auch immer er machte, er bemühte sich, optimistisch an die Sache zu gehen und so gelang es ihm auch meist.

Geboren wurde Georg als jüngster von vier Geschwistern in Bamberg, wo er auch seine Kindheit und Jugend verbrachte. Seine Eltern erzogen ihn streng, aber auch sehr liebevoll, so hat er es mir einmal voller Dankbarkeit erzählt. Nach dem Abitur zog es Georg nach Passau, wo er sein Jurastudium absolvierte. Dort lernte ich ihn kennen. Wir verstanden uns auf Anhieb sehr gut. Es brauchte nicht lange, bis wir gemeinsam in eine WG zogen und das Studentenleben von Herzen genossen.

Hier lernte er auch dich, liebe Claudia, kennen und bereits vier Jahre später habt ihr geheiratet. Vor ein paar Monaten beendete Georg eines unserer zahlreichen Gespräche mit den Worten, dass diese Hochzeit die beste Entscheidung seines Lebens war!

Dass eure Ehe ein Erfolg war, liebe Claudia, sieht man auch an euren beiden Kindern, Sabine und Niko! Ihr zwei habt inzwischen auch schon eure eigenen Familien und jede Geburt eines weiteren Enkelkindes machte eure Eltern noch glücklicher.

Obwohl sein Berufsleben als Selbstständiger ihn zeitlich sehr in Anspruch nahm, fand Georg immer auch Zeit für seine Familie und seine Freunde: Ob es eine gemeinsame Urlaubswoche auf den Skipisten der Alpen oder nur ein Abendessen auf der Durchreise war – Georg vergaß uns nie.

Jedes Jahr aufs Neue rief er mich pünktlich an meinem Geburtstag an. Solche Gesten haben mich sehr beeindruckt. Georg war ein von Grund auf herzlicher und aufmerksamer Mensch!

Ich bin Georg unglaublich dankbar für diese wunderbare Freundschaft, die uns über so viele Jahre verbunden hat! Uns alle in diesem Raum verbindet die gemeinsame Dankbarkeit, dass wir Georg kennen lernen durften.

Einen ganz und gar außergewöhnlichen Menschen, auch in Bezug auf sein soziales Engagement...

Redevorlagen für geschäftliche Anlässe

Antrittsrede

Sie beginnen Ihre neue Tätigkeit als Geschäftsführer oder Führungskraft in einem Unternehmen. Alle Augen der Mitarbeiter sind auf Sie gerichtet: Hoffnungen, manchmal auch Befürchtungen sind mit der neuen Person verbunden: Werden Sie Strukturen verändern? Welche Zielvorgaben haben Sie? Die Antrittsrede ist ein entscheidender Moment für Ihren weiteren Erfolg. Gelingt es Ihnen, die Mitarbeiter an diesem kritischen Punkt mit ins Boot zu nehmen, werden Sie es danach sehr viel leichter haben.

Nutzen Sie die Gelegenheit und bereiten Sie Ihren ersten Auftritt in der neuen Umgebung vor! Gewichten Sie Ihre Ziele. Überlegen Sie, mit welchen Argumenten Sie auch unpopuläre Maßnahmen in der Belegschaft erfolgreich kommunizieren können. Sehen Sie sich selbst durch die Brille Ihrer neuen Kollegen. Welche Wünsche hätten Sie an ihrer Stelle?

Besonders wichtig für das Gelingen einer Antrittsrede ist der Tonfall. Sind Sie auf Augenhöhe? Nichts schadet zu Beginn mehr als ein einziger Satz, der arrogant herüberkommt. Die Rede zum Antritt ist ein Drahtseilakt. Wer ihn erfolgreich meistert, wird mit Loyalität und Leistungsbereitschaft belohnt. Gute Voraussetzungen für eine erfolgreiche Zusammenarbeit.

Liebe Kolleginnen und Kollegen!

Als ich das erste Mal auf das Firmengelände fuhr, um mein Vorstellungsgespräch zu führen, schickte mich der Pförtner wegen eines Missverständnisses direkt zu den Chef-Parkplätzen statt zum Besucherparkplatz. Als ich aus dem Auto stieg und den Fauxpas bemerkte – stieg ich auch sogleich wieder eilig ein und machte, dass ich ungesehen zu den Besucherparkplätzen kam. Im Nachhinein nehme ich das als gutes Omen.

Heute darf ich meinen Wagen ganz offiziell auf den Parkplätzen der Abteilungsleiter abstellen. Ich bin sehr stolz darauf und freue mich die Abteilung B Ihres, unseres Betriebes ab jetzt führen zu dürfen.

Damit kann ich nicht nur in einem Beruf arbeiten, der meinen Kenntnissen und Vorstellungen entspricht, sondern auch an einem Unternehmens teilhaben, das auf dem Markt für seine vorausschauende Geschäftspolitik und für sein einzigartiges Betriebsklima bekannt ist.

Liebe Kolleginnen und Kollegen! Herr Dr. Weinbauer und seine Kollegen vom Vorstand haben mir die Chance gegeben, mein Wissen und mein Können bei Ihnen unter Beweis zu stellen. Um diese Chance bitte ich, der Neuling, hiermit auch Sie. Lassen Sie uns gemeinsam unsere spannenden Projekte voranbringen. Ich freue mich auf eine gute und partnerschaftliche Zusammenarbeit!

Abschiedsrede

Abschied zu nehmen, fällt nicht leicht. Besonders große Unternehmer tun sich manchmal schwer, loszulassen. Doch es muss ja nicht gleich um ein ganzes Unternehmen gehen. Auch Angestellte identifizieren sich sehr mit der eigenen Arbeitsstelle. Denn mit den Menschen hier haben sie oft sogar mehr Zeit verbracht als mit ihren Familien.

Wer hält die Abschiedsrede? Natürlich steht es zuerst demjenigen zu, der geht. Doch auch Kollegen und Vorgesetzte sind aufgerufen, ihrer Dankbarkeit für die geleistete Arbeit Ausdruck zu verleihen. In unserer jeweiligen Funktion sind wir alle ersetzbar. In unserer Persönlichkeit sind wir es nicht. Es ist daher mehr als angebracht, in der Abschiedsrede neben dem Verlust eines fähigen Mitarbeiters auch den Abschied eines sympathischen Kollegen zu beklagen - verbunden mit der Hoffnung, sich in Zukunft weiterhin zu begegnen.

Gute Führungskräfte messen solchen Anlässen hohe Bedeutung bei. Wissen sie doch: Eine gelungene und zu Herzen gehende Abschiedsrede für einen verdienten Mitarbeiter stärkt die Motivation und das Zusammengehörigkeitsgefühl aller Kollegen.

Lieber Herr Reitmeier!

Arbeit ist „das, was man tut, damit man es eines Tages nicht mehr zu tun braucht." - So beschrieb es der österreichische Schriftsteller Alfred Polgar.

Auch wenn ich Ihnen wünsche, dass Sie nun Ihre Rente entspannt genießen können, habe ich doch das sichere Gefühl, dass Sie auch im Ruhestand eine Menge bewegen werden! Denn meine Kollegen und ich kennen Sie als einen unermüdlichen und tatkräftigen Mann.

Der heutige Tag ist eine Zäsur – für Sie und fast mehr noch für mich. Denn als ich Sie vor nunmehr 16 Jahren eingestellt habe, konnte ich nicht ahnen, dass Sie unser damals noch kleines Team mit Ihrem Know-how und Ihrem unermüdlichen Fleiß auf einen Erfolgsweg bringen würden, den wir noch heute beschreiten.

Hinter mir auf der Leinwand sehen Sie nun ein Foto von der Weihnachtsfeier 1993. Ja, lachen Sie nur, so sahen wir damals alle aus! Und mittendrin sehen wir unseren Herrn Reitmeier.

Der Erfolg unseres Unternehmens – wir sind heute in vielen unserer Sparten Marktführer – ist zu einem großen Anteil Ihrem täglichen Einsatz zu verdanken. Dafür möchte ich Ihnen, Herr Reitmeier, heute herzlich danken!

Begrüßungsrede

Mit einer gelungenen Begrüßungsrede bringen Sie Ihren Gästen Wertschätzung entgegen. Eine wichtige Geste, die aufmerksam bemerkt wird. In vielen Fällen ist Ihre Begrüßungsrede zugleich ein Aushängeschild für Ihr Unternehmen, etwa auf einer Messe oder auf einer Kundenveranstaltung. Nutzen Sie diese Gelegenheit!

In Ihrer Begrüßungsrede können Sie persönliche Akzente setzen und zugleich die Botschaft Ihres Unternehmens transportieren. Dabei ist es besonders wichtig, persönlich auf die Zuhörer einzugehen. Mit einer authentischen Begrüßungsrede, die inhaltlich und menschlich überzeugt, können Sie Ihr Publikum nachhaltig beeindrucken.

**Meine sehr verehrten Damen und Herren,
liebe Gäste!**

Meine Schwiegermutter, eine schon ältere, aber geistig noch äußerst fitte Dame, hat mir vor kurzem zum Erfolg unseres letzten Geschäftsjahres gratuliert: „Herbert, das hast du gut gemacht", sagte sie, und weiter: „Aber sag mal, was treibt ihr da eigentlich genau?" Was IT-Manager so den lieben Tag lang machen, das ist sicher nicht nur für die Oma meiner Tochter ein Rätsel.

Ich begrüße Sie heute herzlich zu unserem „Tag der offenen Tür" und fordere Sie hiermit ganz offiziell auf: Zögern Sie nicht, unseren Spezialisten alle Fragen zu stellen, die Sie schon immer interessiert haben. Manche von Ihnen sind vielleicht einfach nur gespannt, wo Ihre Söhne und Töchter, Enkel und Enkelinnen arbeiten. Ob Kunden, Geschäftspartner oder Familienangehörige: Schauen Sie sich um, lernen Sie unsere Arbeit kennen und auch unsere exzellente Kantine. Ich wünsche Ihnen viel Vergnügen dabei!

Doch nicht nur Sie profitieren von einem Einblick in unsere Arbeit. Auch für uns – das haben wir immer wieder festgestellt – ist es wichtig, dass wir Sie in unser Haus einladen. Denn Sie ermöglichen uns erst den so wichtigen "Blick von Außen", den unkonventionellen und unverbrauchten Blick auf unsere tägliche Arbeit. Für Ihr großes Interesse darf ich mich an dieser Stelle herzlich bei Ihnen allen bedanken!

Dankesrede

Nicht erst seit Ratgeber zum Thema „Networking" den Büchermarkt überschwemmen, wissen wir um die Bedeutung von persönlichen Freundschaften im Wirtschaftsleben. Diese gilt es zu hegen und zu pflegen. Gerade, wenn es sich um einen Kunden oder Lieferanten handelt.

Auch die eigene Belegschaft hat ein Dankeschön verdient. Ist sie es doch, die hinter dem Erfolg des Unternehmens steht. Neben dem formlosen Dank, der in E-Mails und Aushängen regelmäßig geschieht, bieten sich ab und zu auch Veranstaltungen und Feste hierfür an. Eine Dankesrede muss von Herzen kommen, alles andere merken die Zuhörer auch beim besten Redemanuskript schnell.

Sie müssen sich aufrichtig über eine erfüllte Zielvorgabe, eine besondere Leistung oder das planmäßige Erreichen von Meilensteinen freuen. Verbinden Sie dies in der Dankesrede mit einem direkten Lob an die Leistungsträger und einer dezenten Aufforderung, jetzt nicht nachzulassen. Sie werden sehen: Ein einfaches Dankeschön hat manchmal sogar eine größere Wirkung als finanzielle Anreize allein.

Meine sehr verehrten Damen und Herren,
liebe Kolleginnen und Kollegen,

wenn wir vom Vorstand uns bei Ihnen in der Produktion die Ehre geben, dann gibt es fast immer etwas zu feiern. Heute gibt es sogar Anlass zum Jubeln: Sie haben Ihre Bestmarke vom vergangenen Jahr nicht nur um die vereinbarten 20 Prozent übertroffen, nein, Sie haben sie glatt verdoppelt!

„Wenn Du ein Schiff bauen willst, dann trommle nicht Männer zusammen um Holz zu beschaffen, Aufgaben zu vergeben und die Arbeit einzuteilen, sondern lehre die Männer die Sehnsucht nach dem weiten, endlosen Meer." - Diesen Rat des Schriftstellers und Piloten Antoine de Saint-Exupéry versuchte ich seinerzeit zu beherzigen, als ich Ihnen von meiner Vision der Marktführerschaft unserer damals vergleichsweise kleinen Firma erzählte. Sie haben mich nicht enttäuscht!

Im Gegenteil: Mit den nun erreichten Erfolgen sind wir in der Lage, unsere Marktposition dauerhaft zu festigen. An uns kommt keiner mehr vorbei, der in dieser Branche etwas auf Qualität, Pünktlichkeit und Verlässlichkeit hält. Eine besonders eindrucksvolle Kennzahl für mich: Die Qualität unserer Produkte hat mit der erhöhten Fertigungsrate nicht nur Schritt gehalten, sondern wurde nachhaltig verbessert. Ein toller Erfolg!

Nun gilt es, denen etwas zurückzugeben, die dies alles möglich gemacht haben: Ihnen, dem gesamten Team unserer Produktion. Und wie Sie an meinem strahlenden Lächeln erkennen werden, haben mich meine Vorstandskollegen nicht mit leeren Händen zu Ihnen geschickt.

Eröffnungsrede

Ob Sie „nur" eine weitere Filiale eröffnen oder einen neuen Hauptsitz: Es gibt so gut wie keine Eröffnung ohne Eröffnungsrede! Und das aus gutem Grund: Viele Menschen haben gemeinsam auf die Einweihung hingearbeitet, haben Wochen, Monate oder gar Jahre in die Vorbereitung investiert. Nun gilt es, Danke zu sagen. Gleichzeitig sollten Sie natürlich das Geschäft ankurbeln, die Besonderheiten und Vorteile des neuen Objekts in den Vordergrund stellen.

Häufig sind bei einer Rede zur Eröffnung bzw. einer Rede zur Einweihung sowohl die Mitarbeiter des eigenen Unternehmens als auch Lieferanten, Bauträger, Investoren und nicht zuletzt Kunden zugegen. Für jede dieser Gruppen würden Sie normalerweise eine eigene Rede mit entsprechenden Schwerpunkten formulieren. Doch dies können Sie beim gemeinsamen Festakt in der Regel nicht. Es gilt, zum gelungenen Rundumschlag auszuholen, der alle Zuhörer gleichermaßen miteinbezieht und sowohl Rückschau als auch Ausblick beinhaltet. Gelingt Ihnen dies, bleiben die Kerninhalte Ihrer Rede auch über die eigentliche Veranstaltung hinaus im Gedächtnis.

Sehr verehrte Frau Bürgermeisterin,
sehr geehrter Herr Landrat,
liebe Mitarbeiterinnen und Mitarbeiter,

der berühmte Schriftsteller Mark Twain hat einmal gesagt: „Je mehr Vergnügen du an deiner Arbeit hast, um so besser wird sie bezahlt." - Stimmt, dachte ich mir bei einem Blick auf die letzten Quartalszahlen unseres Verkaufsbezirks. Doch Spaß beiseite: Mit der Eröffnung der vierten Bezirksfiliale in nur drei Jahren haben wir eine unvergleichliche Erfolgsgeschichte geschrieben.

Das lag nicht nur am außergewöhnlichen Einsatz meiner Kolleginnen und Kollegen hier vor Ort. Das lag auch an der mindestens ebenso großen Unterstützung durch die lokale Politik, eine Unterstützung, die wir an anderen Orten so noch nie erfahren konnten.

Darum, sehr verehrte Frau Bürgermeisterin Schuster und sehr geehrter Herr Landrat Hendele, ist es mir heute ein besonderes Anliegen, Ihnen beiden als Vertretern der Politik hier im Ort zu danken. Sie waren sich nie zu schade, wiederholt auf die Bedeutung einer starken regionalen Wirtschaft hinzuweisen und Sie haben im Rahmen der Diskussion über Standorte und Alternativen stets ein offenes Ohr für uns gehabt.

20 neue Arbeitsplätze allein in dieser Filiale und mehr als 70 im ganzen Ort sind Ihr gerechter Lohn! Seien Sie versichert, dass auch wir uns stets loyal zum Ort und zum ganzen Kreis verhalten werden. Daher ist es für mich mehr als eine Geste, wenn wir heute die Patenschaft für das Landschaftsmuseum übernehmen.

Festrede

Es sind besondere Anlässe wie Unternehmensfeiern, die Mitarbeiter, Lieferanten und Kunden dauerhaft an das Unternehmen binden können. Zeigt sich hier doch schnell, wie wichtig sie dem Unternehmen sind. Ein professionell und doch liebevoll vorbereitetes Fest bleibt lange über den Anlass hinaus in Erinnerung.

In der Rolle des Gastgebers versteht es sich von selbst, dass Sie eine anregende Festrede halten, die den Anlass fundiert und angemessen würdigt, zugleich aber auch unterhaltsam ist. Auch die persönliche Ansprache wichtiger Gäste, Mitarbeiter und Kunden sollte in der Festrede genau vorbereitet sein.

Denn wie bei jeder Unternehmensveranstaltung in der Öffentlichkeit gilt auch hier: Jeder Augenblick zählt für die Außenwirkung Ihres Unternehmens.

**Meine sehr verehrten Damen und Herren,
liebe Mitarbeiterinnen und Mitarbeiter,**

mit großer Freude darf ich Sie heute zu unserem fünften Sommerfest begrüßen!

Als ein mittelständisches Unternehmen der Lebensmittelbranche war es uns natürlich ein besonderes Anliegen, Ihnen heute fast nur eigene Produkte auf den Partyteller zu legen. Nachdem wir unser Sortiment auch im vergangenen Jahr erheblich ausweiten konnten, sind wir nun in der Lage, nahezu das gesamte Buffet mit eigener Ware zu bestreiten.

„Man soll dem Leib etwas Gutes bieten, damit die Seele Lust hat, darin zu wohnen." So formulierte einst der große Politiker Winston Churchill sein Verständnis von der Wichtigkeit des Essens. Meine Damen und Herren, warum haben wir uns dieses Motto vor gut fünf Jahren in die Produktionshalle gehängt?

Ich will es Ihnen verraten: Weil wir, anders als viele Wettbewerber, schon von Anfang an auf etwas „Gutes" gesetzt haben. Alle unsere Produkte sind nachhaltig und ohne unnötigen Einsatz chemischer Zusatzstoffe produziert worden. Und das, bevor „Bio" schick geworden ist. Darauf sind stolz!

Wenn Sie also nach meinem Vortrag ans Buffet gehen werden, können Sie unbesorgt sein! Wir sind zwar eine Fabrik, aber unsere Nahrungsmittel kommen von hiesigen Landwirten und werden so schonend behandelt, wie Sie es von einem verantwortungsvollen Unternehmen aus Ihrer Region erwarten dürfen. Ich bin deshalb zuversichtlich, dass es heute auch Churchill schmecken würde.

Geburtstagsrede

Runde Geburtstage von Mitarbeitern werden häufig auch im Unternehmen gefeiert. Besonders dann, wenn der Unternehmer selbst das Geburtstagskind ist. Doch auch in einzelnen Abteilungen sind Geburtstagsfeiern eine Möglichkeit für Vorgesetzte und Kollegen, einem Mitarbeiter ihre Wertschätzung auszudrücken.

Natürlich umso mehr, je länger derjenige schon im Unternehmen arbeitet. Für Führungskräfte sind solche Anlässe eine willkommene Gelegenheit, dem feiernden Kollegen und seiner Abteilung mit einer Geburtstagsrede zu zeigen, wie wichtig ihnen die Mitarbeiter persönlich sind. Solche Reden zum Geburtstag können ganz informell im kleinen Kreis, aber auch auf großen Feiern vorgetragen werden.

Hat der Unternehmer selbst Geburtstag, wird bis zur örtlichen Blaskapelle häufig alles aufgeboten, das Rang und Namen hat. Hier gebietet sich für die Gratulanten von selbst: Weniger Redezeit ist mehr. Übrigens kann sich auch das Geburtstagskind selbst in einer kurzen Geburtstagsrede für die Aufmerksamkeit der Kollegen bedanken.

**Liebe Frau Müller,
liebe Kolleginnen und Kollegen,**

wenn jemand seinen 50. Geburtstag in der Firma feiert, dann hat er entweder kein Privatleben oder einen wirklich guten Job. Ersteres kann ich bei Ihnen, liebe Frau Müller, ausschließen, denn Sie haben eine richtig tolle kleine Familie.

Nein, wenn Sie heute hier mit uns feiern, dann hat es mit Ihrer Leidenschaft für Ihr Unternehmen zu tun. Und wenn ich hier heute als Abgesandter des Vorstands zu Ihrer Feier komme, dann hat das mit der Wertschätzung der gesamten Unternehmensleitung für Ihre Arbeit zu tun.

Und wenn ich dann noch sehe, was sich Ihre Kolleginnen und Kollegen nunmehr seit Wochen für Gedanken gemacht haben und was sie Ihnen für tolle Geschenke auf den Schreibtisch gelegt haben, dann bin ich richtig stolz auf Ihre ganze Abteilung!

Liebe Frau Müller, mit Ihrem 50. Lebensjahr vollenden Sie auch Ihr 23. Berufsjahr in unserem Unternehmen. Das ist eine lange Zeit. Und Sie haben in dieser Zeit viel für uns bewegt. Ich denke da etwa an das Jahr 2008...

Gratulationsrede / Lobrede

Das Erreichen von Zielen und das Übertreffen von Vorgaben sind die Grundlagen für unternehmerischen Erfolg. Wenn eine Abteilung exzellente Resultate vorweisen kann, sollten Sie ihr das auch sagen. Jenseits von Gratifikationen und anderen finanziellen Anreizen kann ein von Herzen kommendes Lob ein ganz eigener Ansporn sein, weiter Höchstleistungen zu erbringen.

Gratulieren darf man übrigens auch über die Grenzen des eigenen Unternehmens hinaus: Wenn ein Kunde – sicher auch dank Ihrer

Unterstützung – wichtige Meilensteine erreicht, ein Lieferant besondere Leistungen erbringt oder ein Wohltätigkeits-Projekt erfolgreich auf den Weg gebracht wurde: Loben Sie! In der Unternehmenskommunikation gibt es wenige so rundum positiv besetzte Anlässe wie Lobreden.

Wichtig ist, dass Sie mit Ihrer Rede bei aller Fachkenntnis und Würdigung der spezifischen Leistung immer auch eine persönliche Ebene einnehmen. Wirtschaft wird von Menschen gemacht, das sollten Ihre Zuhörer auch als Botschaft mitnehmen. Wenn Sie dies beherzigen, wird Ihr Lob auch jenseits der Würdigung von Fakten und Zahlen beim Publikum ankommen.

Liebe Frau Weinberg,
meine sehr geehrten Damen und Herren,

auch nach nunmehr 30 Jahren an der Spitze unseres Unternehmens gibt es immer noch Momente, in denen ich so richtig überrascht bin. Ein solcher Moment war am vergangenen Donnerstag, als mir unser geschätzter Kollege Herr Dietmann seine Ausarbeitung über die größten Unternehmenserfolge für die Firmenchronik überreichte.

Denn da stand es, schwarz auf weiß, dass an sage und schreibe allen wichtigen Akquisitionen der vergangenen 15 Jahre unsere Frau Weinberg teilgenommen hat. Und „teilgenommen" ist arg untertrieben, denn Sie, liebe Frau Weinberg, haben nachweislich in 15 von 17 großen Transaktionen einen erheblich besseren Abschluss für uns ausgehandelt als ursprünglich vorgesehen.

15 von 17, das hat mich wirklich sprachlos gemacht. Aber nun habe ich meine Sprache wieder gefunden und möchte die unglaubliche Leistung unserer stets bescheiden auftretenden Kollegin so zusammenfassen: Weltklasse! Liebe Frau Weinberg, Ihre ganze Abteilung kennt und schätzt Sie als kenntnisreich und aufgeweckt. Auch ich war mir immer sicher, mit Ihnen die richtige Fachkraft für die oft schwierigen Verhandlungen gefunden zu haben. Heute möchte ich Sie dafür ganz offiziell und vor versammelter Mannschaft loben.

Motivationsrede

Die Motivation der Mitarbeiter ist eine der wichtigsten Aufgaben für Unternehmer und Führungskräfte. Manch einer lässt seine Leute dafür auf teuren Seminaren über glühende Kohlen laufen. Die meisten vertrauen dagegen auf das schon seit der Antike bewährte Führungsmittel der Rede. Eine Mannschaft auf ein Ziel einzuschwören, darin liegt die Herausforderung für jede Motivationsrede.

Der Erfolg ist ganz wesentlich mit der Person verknüpft, die sie vorträgt: Vor großen Aufgaben zahlt es sich aus, wenn die Mitarbeiter bereits Vertrauen in Kompetenz und Charakter einer Führungskraft gewonnen haben. Diesen Kredit gilt es nun für den zu erreichenden Meilenstein einzusetzen. Sprechen Sie diese persönliche Ebene ganz bewusst an.

Natürlich gibt es im heutigen Wirtschaftsleben ganz eigene Anreizsysteme, meist pekuniärer Art. Unterschätzen Sie aber nicht die Bedeutung von persönlicher Überzeugung!

Nicht selten schlagen Unternehmen mit eigentlich schlechteren Ausgangsbedingungen und einem hohen Maß an Motivation bei der Belegschaft Wettbewerber, deren Mitarbeiter nicht so bedingungslos hinter ihrem Produkt stehen. Dieses Potenzial gilt es freizusetzen. Auch wenn es für ein Unternehmen in der letzten Zeit nicht besonders gut gelaufen ist, kann eine Motivationsrede helfen, die Stimmung zu heben.

Liebe Kolleginnen und Kollegen,

hinter uns liegt eine schwierige Zeit. Ich weiß, dass ich Ihnen das eigentlich nicht sagen muss. Denn Sie haben es am eigenen Leib erfahren. Sie haben Lohnkürzungen hingenommen, Sie haben auf Ihr Weihnachtsgeld verzichtet. Und dennoch: Sie haben nie die Zuversicht verloren. Dafür möchte ich Ihnen heute von Herzen danken!

Die Kürzungen und Einschränkungen im letzten Jahr waren eine Durststrecke, die ich Ihnen und mir gerne erspart hätte. Aber sie waren nicht umsonst: Es geht wieder aufwärts! Langsam, aber stetig. Wir haben wieder mehr Aufträge altbewährter Kunden und konnten sogar einige Neukunden für uns begeistern.

Wenn wir jetzt weiter am Ball bleiben, werden wir das Tief bald hinter uns gelassen haben. Die Zahl der Aufträge hat sich in der letzten Zeit auch dadurch wieder erhöht, dass wir einige wichtige Änderungen im Vertrieb vorgenommen haben. Viele davon beruhen auf Vorschlägen von Ihnen.

Das hat mir wieder einmal bewiesen, was für ein gutes Team wir sind! Wenn wir jetzt wieder schwarze Zahlen schreiben, werde ich Ihr Engagement und Durchhaltevermögen auf jeden Fall mit einer Leistungsprämie belohnen. Lassen Sie uns auf Ihren kreativen Vorschlägen weiter aufbauen!

Neujahrsrede

Der Ablauf eines Geschäftsjahrs ist zunächst einmal ein Datum für die Buchhaltung. Doch natürlich spielt das menschliche Bedürfnis nach Abschluss und Neubeginn auch im Wirtschaftsleben eine Rolle. Die Weihnachts- und Silvesterfeiern in vielen Unternehmen zeugen davon.

So ist denn auch eine gelungene Neujahrsrede Rückschau und Ausblick zugleich. Mitarbeitern, Lieferanten und Kunden ist für das abgeschlossene Geschäftsjahr zu danken. Zugleich gilt es, einen Ausblick auf die nähere bis mittlere Zukunft zu geben, Chancen aufzuzeigen und Risiken nicht zu verschweigen.

Zu einer guten Neujahrsrede gehört immer ein ordentliches Maß an Tatendrang und Zuversicht. Doch das weckt man nicht mit allgemein gehaltenen Phrasen, sondern nur mit konkreten Zielvorstellungen und Vorgaben. Hinzu muss auch eine persönliche Note kommen. Wie haben Sie das Jahr in Ihrem Unternehmen erlebt?

Welches waren Ihre schönsten Momente / die interessantesten Anekdoten? Eine gelungene Neujahrsrede braucht wegen ihrer unterschiedlichen Elemente durchaus eine gewisse Länge. Dass Sie dennoch kurzweilig und unterhaltsam bleiben, ist dann die Kür für Ihre Neujahrsrede!

Liebe Kolleginnen und Kollegen!

Mit dem Beginn des neuen Jahres lassen wir es im wahrsten Sinne des Wortes gleich mehrfach krachen! Nicht nur, dass wir heute gemeinsam ordentlich feiern werden, sondern das neue Jahr wird auch für unser Unternehmen mit einem richtigen Silvesterknaller beginnen: Wir haben unser Ergebnis im abgelaufenen Geschäftsjahr verdreifacht! Das war eine tolle Teamleistung von allen Abteilungen!

Erfolg hält nur an, wenn man sich immer wieder aufs Neue bemüht, sein Bestes zu geben. Das ist kein Zitat eines bekannten Schriftstellers, sondern eine Erfahrung, die wir alle gemeinsam schon gemacht haben. Die Jahrtausendwende war für unsere gesamte Branche ein Einschnitt. Viele Wettbewerber von damals gibt es heute nicht mehr. Wir aber, liebe Kolleginnen und Kollegen, haben uns den Erfolg Jahr für Jahr mit Beharrlichkeit und Kreativität verdient. Darauf können wir stolz sein!

Wie geht es nun weiter? Die Zeichen stehen im nächsten Jahr auf Sturm, viele Wettbewerber wollen vom Kuchen unserer Marktanteile ein schönes Stück abhaben. Wenn sie sich da mal nicht die Zähne ausbeißen! Mit der Vorbereitung unseres Produktes Alpha sind wir so gut wie fertig. Das wird ein glatter „Home Run", wir dürfen vor lauter Begeisterung über diesen Kassenschlager nur nicht im Service nachlassen.

Jetzt aber erst mal ein paar Schritte zurück vom Tagesgeschäft und einen großen Schritt hin zu den gedeckten Tafeln! Wir haben Grund zum Feiern und das werden wir heute bis hoffentlich spät in die Nacht auch tun!

Rede zum Firmenjubiläum

Ein Firmenjubiläum ist ein ganz besonderes Ereignis. Zeigt sich hier doch, dass über das reine Tagesgeschäft hinaus ein Mehrwert für Mitarbeiter und Gesellschaft entstanden ist. Denn hinter einem erfolgreichen Unternehmen stehen Menschen, die mit Kreativität, Fleiß und Leidenschaft ihre Produkte oder Dienstleistungen vorangebracht haben.

Die Rede hält bei inhabergeführten Firmen selbstverständlich der Unternehmer, bei größeren Konzernen der Vorstandsvorsitzende oder der Vorsitzende des Aufsichtsrats. Auch Lieferanten und Kunden können beim Firmenjubiläum die Gelegenheit nutzen, den Menschen im Unternehmen ihre Wertschätzung auszudrücken. Wichtig für den Erfolg der Rede zum Firmenjubiläum ist es, vor allem die Mitarbeiter in den Vordergrund zu stellen und ihren Einsatz für das Unternehmen zu würdigen. Auch Weggefährten und Förderern gilt der ganz besondere Dank des Redners.

Lieber Herr Bürgermeister!
Liebe Mitarbeiterinnen und Mitarbeiter!
Liebe Gäste!
Meine sehr verehrten Damen und Herren!

Wir feiern heute unser 20-jähriges Firmenjubiläum. 20 Jahre – nun, das mag erst einmal nicht nach besonders viel klingen. Gerade im Vergleich mit anderen Unternehmen, die bereits 50, 100 oder 150 Jahre vorweisen können.

Doch wenn ein mittelständisches Software-Unternehmen wie das unsere sein 20-jähriges Bestehen feiern kann, dann darf man in unserer Branche definitiv von einer Erfolgsgeschichte ausgehen. Und wir haben uns in den zwei Jahrzehnten wahrlich eine ganze Menge einfallen lassen, um uns im internationalen Wettbewerb zu behaupten!

„Die meisten Fehler machen Unternehmen wenn es ihnen gutgeht. Nicht wenn es schlechtgeht." Diese Worte des bedeutenden Bankiers Alfred Herrhausen habe ich in großen Lettern in meinem Büro hängen.

Aus gutem Grund: Nehmen wir nur den Boom bei den so genannten Dotcom-Firmen um die Jahrtausendwende, der sich kurz darauf als eine große Seifenblase entpuppte.

Viele unserer Konkurrenten mussten damals aufgeben. Wir nicht! Nehmen wir die weltweite Finanzkrise, die uns alle vor einigen Jahren heimsuchte und der ebenfalls viele mittelständische Unternehmen zum Opfer fielen. Uns gibt es immer noch!

Ja, weit mehr noch: Wir stehen heute besser da als jemals zuvor. Unser Jubiläum ist nicht zuletzt der Beweis, dass wir einiges richtig gemacht haben müssen. An den wichtigsten Meilensteinen unserer Entwicklung möchte ich Sie in den nächsten Minuten gern teilhaben lassen...

Meine sehr verehrten Gäste,
liebe Mitarbeiterinnen und Mitarbeiter,

wer gut und erfolgreich arbeitet, der soll auch ordentlich feiern. Zum Feiern haben wir allen Grund: Unser Unternehmen ist 20 Jahre alt geworden. Wir sind also keine Teenager mehr. Und im Übrigen: Im Wirtschaftsleben zählt ein Jahr doppelt. Speziell in unserer Branche!

Lassen Sie es mich so ausdrücken: Wir sind als Firma im besten Alter. Wir, die ganze Unternehmensfamilie und alle unsere Kunden und Zulieferer, können auf eine erfolgreiche Zeit zurückblicken. Wir haben Kraft, Mut und Zuversicht zur Bewältigung neuer Herausforderungen, die sich uns hier am Standort, aber auch weltweit stellen.

Halten Sie mich bitte nicht für eine Spaßbremse, wenn ich vor all den vorbereiteten Köstlichkeiten des Abends mit Musik und Tanz die Begrüßungsworte dazu nutze, zwei Gedanken unserer Feier voranzustellen: Der erste ist ein Dankeschön! Es kommt von Herzen. Ich danke allen unseren Kunden und Zulieferern für die fordernde und fördernde Zusammenarbeit.

So konnten wir als Ihr Partner unsere Qualität steigern und in der Konkurrenz bestehen. Wir sind sicher, dass wir auch die Turbulenzen um den Brexit und die Unsicherheiten in den USA meistern werden.

Gleichermaßen herzlich danke ich unseren Mitarbeiterinnen und Mitarbeitern. Sie sind ein tolles Team. Gute Arbeit hat uns zu einer erfolgreichen Gemeinschaft zusammengeschweißt. Dort haben Sie sich bewährt. Ihr Fleiß, Ihre Fachkenntnisse, Ihre Bereitschaft, sich neuen Aufgaben mit dem Willen zum Erfolg zu stellen, haben uns dorthin gebracht, wo wir heute stehen. Sie sind unser wichtigstes Kapital!

Es gibt noch einen anderen Indikator für Erfolg. Wir haben in unseren Reihen 20 Auszubildende. Da kann man noch so gute Pläne für Ausbildung haben: Wenn nicht die erfahrenen Kolleginnen und Kollegen ihr Wissen und Können an den Nachwuchs weitergeben, wenn sie ihm nicht mit Rat und Tat als Vorbilder zur Seite stehen, ist Ausbildung nicht mit dem nötigen Ergebnis gekrönt. Auch Freude an erfolgreicher Arbeit ist ansteckend!

Der zweite Gedanke ist unserer Unternehmenskultur gewidmet. Sie ist das Fundament auf dem wir jetzt stehen und das uns sicher in die Zukunft tragen wird. Jeder bei uns ist zum unternehmerischen Denken eingeladen. Kreativität und Eigeninitiative bei der Erfüllung unserer Aufgaben zeichnen unser Betriebsklima im hohen Maß aus.

Auch dessen sind wir uns bewusst: Wir führen kein „Insulanerleben" am Standort. Es geht uns auf Dauer nur gut, wenn es der Gemeinschaft gutgeht, in der wir arbeiten. Viele Firmenangehörige engagieren sich deshalb ehrenamtlich in der Gesellschaft, wofür ihnen Lob und Anerkennung gebührt.

Kurz und gut: Nicht nur mit Blick auf unsere Auftragslage sage ich mit voller Überzeugung: Wer solche Geschäftspartner und ein so großartiges Team im Unternehmen hat, dem muss um die Zukunft nicht bange sein.

Richtfestrede

Das Haus oder die Werkshalle ist gebaut, die oft jahrelange Anstrengung zahlt sich aus. Höchste Zeit für das Richtfest! Mitarbeiter, Bauträger und gegebenenfalls auch die neuen Nachbarn sind herzlich eingeladen.

Meist hält der Unternehmer bzw. ein Vorstand die Richtfestrede, bedankt sich für den reibungslosen Bau und die Unterstützung durch die betreffenden Firmen. Die Kernbotschaft: Es hat sich gelohnt! Doch manchmal hält auch ein Gast die Rede zum Richtfest: Etwa der Architekt, der noch einmal die Herausforderungen und Anekdoten während des Baus schildert.

Die Kür liegt darin, die auf das Richtfest bezogenen Redeinhalte mit einem Ausblick auf die Unternehmenssituation zu verbinden: Welche Bedeutung hat die neue Filiale / das neue Gebäude für das Unternehmen?
Werden neue Arbeitsplätze entstehen? Werden sich vor Ort Zulieferer ansiedeln? Auch sollte der Redner sein Publikum spüren lassen, dass er sich vor Ort auskennt. Mindestens eine Ortsbegehung sowie Gespräche mit Arbeitern und Nachbarn gehören zur Vorbereitung der Richtfestrede unbedingt dazu.

Sehr verehrte Frau Oberbürgermeisterin,
liebe Mitarbeiterinnen und Mitarbeiter,
meine Damen und Herren,

was hier heute in Glas, Glanz und Pracht vor uns steht ist das Ergebnis einer über 5-jährigen Bauphase. Unser neues Verwaltungsgebäude sieht – und da wird mir unser Architekt Herr Meier gewiss nicht widersprechen – einfach großartig aus. Herr Meier, das ist ein Glanzstück und wird das Ansehen Ihres Büros ganz sicher noch mehren!

Ich freue mich sehr, dass mit Frau Oberbürgermeisterin Schneider die höchste Repräsentantin unserer Stadt zu unserem Richtfest gekommen ist. Frau Schneider, Sie haben uns immer konstruktiv bei unserem Vorhaben begleitet und uns stets spüren lassen, dass die langjährige Verbundenheit unseres Unternehmens mit der Stadt keine Einbahnstraße ist.

Sie reden nicht nur davon, dass Ihnen die lokale Wirtschaft am Herzen liegt, Sie handeln auch danach. Herzlichen Dank dafür!

Liebe Mitarbeiterinnen und Mitarbeiter! Was erwartet uns in dem neuen Haus? Nun, zunächst einmal das Modernste und Schönste, was die heutige Architektur im Bürodesign zu bieten hat: Schon unser Foyer ist einmalig durch den künstlichen Fluss, welcher mitten im Raum zu einer Fontäne emporsteigt. Keine Angst, niemand wird nass, das hat mir das Büro Meier versichert. Doch auch die Büros sind sehenswert...

Tischrede

Ob Investorentreffen im kleinen Kreis oder Bankett mit hunderten geladenen Gästen: Mit einer formvollendeten Tischrede verbindet der Gastgeber höfliches Ritual und Unternehmenskommunikation. Es gilt, die Gepflogenheiten für eine Tischrede einzuhalten, sie insbesondere zeitlich nicht derart auszudehnen, dass der nächste Gang kalt wird.

Eine Tischrede muss immer auch unterhalten. Wer dies beherzigt, kann über alle Themen sprechen, die ihm am Herzen liegen: Die Situation im eigenen Unternehmen, Tarifpolitik, den Wettbewerb - mit einer guten Tischrede gewinnen sie Verständnis für Ihre Situation und Ihre Positionen zu bestimmten Themen.

Dabei bleibt dieses kleine, aber wirkungsvolle Rhetorik-Instrument längst nicht nur dem Tischherrn überlassen: Auch Gäste, etwa Geschäftspartner oder Kunden, können sich mit einer kurzen, prägnanten Rede ins Gespräch bringen. Sie sehen: Die Möglichkeiten für eine Tischrede werden durch fast nichts begrenzt - außer durch den nächsten Gang.

Sehr geehrte Frau Dr. Meier,
sehr geehrter Herr Müller,
meine sehr verehrten Damen und Herren,

dass wir heute gleich zwei Vorstandsvorsitzende in unserer Tafelrunde begrüßen dürfen, erfüllt mich zugegebenermaßen mit Stolz. Denn sowohl Sie, sehr geehrte Frau Dr. Meier, als auch Sie, sehr geehrter Herr Müller, haben in Ihr Gemeinschaftsunternehmen viel Herzblut eingebracht. Mir und meinen hier versammelten Kollegen aus der Unternehmensleitung ist es eine große Freude, heute dieses Essen für Sie auszurichten.

„Geschmack ist die Kunst, sich auf Kleinigkeiten zu verstehen." - Diese Worte werden dem Philosophen und Schriftsteller Jean-Jacques Rousseau zugeschrieben. Wir wissen, dass sowohl Frau Dr. Meier als auch Herr Müller sich schon während ihres Studiums mit dem Wegbereiter der Französischen Revolution befasst haben.

Doch wer konnte ahnen, dass Sie beide viele Jahre später getreu Rousseaus Satz von der Kunst der Kleinigkeiten ein ganzes Unternehmen aus der Taufe heben würden, welches in nur vier Jahren den Markt für Ersatzteile in unserer Branche revolutioniert?

Als Geschäftsführer konnte ich mit meiner Mannschaft einen Beitrag zu diesem Erfolg leisten. Doch wären wir nicht halb so erfolgreich gewesen, hätten uns nicht beide Konzernmütter stets mit ihrem Personal, Know-how und auch ganz beträchtlichen Finanzmitteln unterstützt.

Dass Sie sich dabei in so gut wie jeder Einzelfrage einig waren, war für mich und für mein ganzes Team eine einmalige Erfahrung und die Grundlage unseres Erfolgs.

Trauerrede

Der Tod eines Kollegen oder pensionierten Mitarbeiters ist ein furchtbares Ereignis, welches oft weit über die Abteilung hinaus Betroffenheit auslöst. Vorgesetzte, aber auch Kollegen können mit einer persönlichen Trauerrede den Verstorbenen ehren und sowohl an seine Leistungen für das Unternehmen als auch an seine menschlichen Eigenschaften erinnern.

Liebe Frau Meier!
Liebe Mitarbeiterinnen und Mitarbeiter!

„Ehrliche, herzliche Begeisterung ist einer der wirksamsten Erfolgsfaktoren." Dale Carnegies Worte erinnern mich sofort an Manfred Meier. Er hat durch seinen Enthusiasmus sehr viel bewirken können.

„Klar doch – das mache ich", hat er immer lächelnd gesagt. Immer wieder kam ihm dieser Ausspruch über die Lippen. Wer von uns verbindet heute diese Worte nicht mit Manfred Meier?

Am vergangenen Donnerstag ist Manfred Meier verstorben. Sein Tod erschüttert uns alle. Wir trauern heute nicht nur um einen Mitarbeiter, sondern auch um einen Ratgeber und Freund.

Ihnen, liebe Frau Meier und Ihrer Familie möchte ich im Namen aller Mitarbeiterinnen und Mitarbeiter der Mustermann GmbH unser herzliches Beileid aussprechen!

Bei uns im Unternehmen galt Manfred Meier als sehr fachkundiges Teammitglied. Als er vor 32 Jahren hier anfing, konnte man sich die Firma schon bald nicht mehr ohne ihn vorstellen. Alle Kollegen schätzten ihn für seine hilfsbereite und optimistische Art.

„Klar doch – das mache ich", hieß es, wenn Hilfe gefragt war. „Klar doch – das mache ich", hörte man, wenn eine wichtige Arbeit noch zu erledigen war. „Klar doch – das mache ich", sagte er, wenn es darum ging, kurzfristig einen Kollegen zu vertreten.

Hatte man eine Frage, so konnte Manfred Meier meist sofort mit dem richtigen Ratschlag weiterhelfen. Und das längst nicht nur bei dienstlichen Themen: Wenn Manfred Meier einen seiner legendären runden Geburtstage feierte, standen hier im Werk die Bänder still...

Weihnachtsrede

Die Weihnachtsfeier gehört in vielen Unternehmen zu den Höhepunkten des Jahres. Mitarbeiter aus verschiedenen Abteilungen kommen beim gemeinsamen Feiern miteinander ins Gespräch. Zu den wichtigsten Programmpunkten zählt die Weihnachtsrede des Unternehmers oder einer Führungskraft.

Wie Sie Ihre Weihnachtsrede vortragen, hängt ganz wesentlich vom Ort und Rahmen der Weihnachtsfeier ab: Handelt es sich um eine offizielle Feierstunde während der Arbeitszeit? Oder trifft sich Ihre Abteilung in einem Restaurant?

Eine gelungene Weihnachtsrede beinhaltet in jedem Fall einen kurzen Jahresrückblick, der besonders wichtige Ereignisse und Leistungen würdigt. Darüber hinaus gibt sie einen Ausblick auf das kommende Geschäftsjahr und die zu erwartenden Herausforderungen und Chancen.

Bei Weihnachtsfeiern im großen Rahmen sind häufig auch Kunden und Lieferanten zugegen. Auch ihnen gilt es zu danken. Stark werden solche Momente besonders dann, wenn Sie konkrete Vorgänge und Erlebnisse ins Gedächtnis rufen.

Widmen Sie Ihrer Weihnachtsrede daher auch bei der Vorbereitung die nötige Aufmerksamkeit!

Liebe Mitarbeiterinnen und Mitarbeiter!
Meine sehr verehrten Damen und Herren!

Weihnachten ist für unser Unternehmen seit jeher der Höhepunkt des Jahres. Denn als Süßwarenproduzent produzieren wir in der Adventszeit in drei Schichten all jene Waren, die Sie bis morgen Mittag in der Auslage vieler Kaufhäuser sehen werden.

Dann aber – pünktlich zum heiligen Abend – wird auch bei uns die Arbeit ruhen und eine hoffentlich friedliche Zeit der Einkehr beginnen. Dem ein oder anderen mag vor lauter Arbeit in der „Weihnachtsbäckerei" schon die Lust auf Plätzchen vergangen sein.

Doch jetzt ist es geschafft und ich lade Sie herzlich dazu ein, die Früchte Ihrer Arbeit, Pardon, die Leckerbissen Ihrer Arbeit zu genießen!

Ich freue mich sehr, liebe Kolleginnen und Kollegen, dass Sie heute mit Ihren Familien zu unser traditionsreichen Weihnachtsfeier in die Festhalle gekommen sind und ich heiße Sie hiermit herzlich willkommen!

Auch in diesem Jahr wurde das gesamte kulinarische Aufgebot von unserer Kantinen-Crew bestritten und für das Rahmenprogramm hat sich der Vertrieb ins Zeug gelegt. Unsere Firma kann eben alles!

Das zu Ende gehende Geschäftsjahr war für uns ein gutes Jahr! Wir konnten alle gesetzten Ziele erreichen und sie sogar oft noch übertreffen.

Dies war nur möglich, weil wir alle an einem Strang gezogen haben und viele wichtige Entscheidungen von allen mitgetragen wurden. Dafür möchte ich Ihnen danken!

Redevorlagen für Vereine und Verbände

Antrittsrede

Sie beginnen Ihre neue Tätigkeit, etwa als Ortsvorsitzender einer Partei oder Präsident eines Vereins. Alle Augen sind auf Sie gerichtet: Hoffnungen, manchmal auch Befürchtungen sind mit der neuen Person verbunden: Werden Sie Strukturen ändern? Welche Zielvorgaben haben Sie? Die Antrittsrede ist ein entscheidender Moment für Ihren weiteren Erfolg. Gelingt es Ihnen, die Zuhörer an diesem kritischen Punkt mit ins Boot zu nehmen, werden Sie es danach sehr viel leichter haben.

Nutzen Sie die Gelegenheit und bereiten Sie Ihren großen Auftritt vor! Gewichten Sie Ihre Ziele. Überlegen Sie, mit welchen Argumenten Sie in Ihrer Antrittsrede auch unpopuläre Maßnahmen erfolgreich kommunizieren können. Sehen Sie sich selbst durch die Brille Ihrer Zuhörer. Welche Wünsche hätten Sie an ihrer Stelle?

Besonders wichtig für das Gelingen einer Antrittsrede ist der Tonfall. Sind Sie auf Augenhöhe? Nichts schadet zu Beginn mehr als ein einziger Satz, der arrogant herüberkommt. Die politische Antrittsrede ist ein Drahtseilakt. Wer ihn erfolgreich meistert, wird mit Loyalität und Leistungsbereitschaft belohnt. Gute Voraussetzungen für die weitere Arbeit.

Meine sehr geehrten Damen und Herren,
liebe Parteifreunde!

Als frisch gewählte Kreisvorsitzender möchte ich Ihnen herzlich für Ihr Vertrauen danken! Ein politisches Amt ist stets mit der Übernahme großer Verantwortung verbunden. Ich will mich mit ganzer Kraft bemühen, dieser Verantwortung gerecht zu werden.

„In der Politik ist es wie in der Mathematik: alles, was nicht ganz richtig ist, ist falsch." - Dieses Zitat von Edward Kennedy ging mir in den vergangenen Wochen oft durch den Kopf. Denn auch im parteiinternen Wahlkampf lässt man sich oft leichtfertig zu Versprechen hinreißen oder auf Positionen festlegen, hinter denen man nicht hundertprozentig steht.

Wie Sie wissen, bin ich da eine kompromisslose Linie gefahren und habe stets die ganz richtige Lösung gewollt. Dass Sie mich trotzdem - oder vielleicht gerade deswegen - gewählt haben, erfüllt mich mit Stolz und Dankbarkeit.

Nun müssen wir viele wichtige Zukunftsthemen anpacken: Besonders am Herzen liegt mir die Bildungspolitik und da hat unsere Partei ein Konzept, mit dem wir uns wirklich sehen lassen können.

Auch das so wichtige Thema Kinderbetreuung ist bei uns in guten Händen. Bevor wir uns aber nun wieder in den politischen Wettkampf stürzen, lasst uns feiern!

Abschiedsrede

Abschied zu nehmen, fällt nicht leicht. Wer sich lange für eine Partei oder einen Verein engagiert hat, lässt meist nur ungern los. Doch gilt es gerade in diesem Moment, souverän zu bleiben. Schließlich prägen Sie mit der Art und Weise Ihres Abschieds auch die Erinnerung, die man später an Sie haben wird.

Wer hält die Abschiedsrede? Natürlich steht es zuerst demjenigen zu, der geht. Doch auch langjährige Mitstreiter und Weggefährten sind aufgerufen, ihrer Dankbarkeit für die geleistete Arbeit Ausdruck zu verleihen.

In unserer jeweiligen Funktion sind wir alle ersetzbar. In unserer Persönlichkeit sind wir es nicht.

Eine gelungene, zu Herzen gehende Abschiedsrede für einen verdienten Parteikameraden oder ein Vereinsmitglied stärkt die

Motivation und das Zusammengehörigkeitsgefühl aller. Nutzen Sie diese Gelegenheit!

Lieber Franz!
Liebe Mitglieder des Tierschutzvereins!
Meine sehr verehrten Damen und Herren!

Christian Morgenstern hat es einmal drastisch formuliert: „Weh dem Menschen, wenn nur ein einziges Tier im Weltgericht sitzt."

In der Tat: Auch heute, im Jahre 2012, gibt es wahrlich genug Gründe, sich für den Schutz der Tiere einzusetzen. Unser Verein hat sich seit nunmehr 40 Jahren dieser so wichtigen Aufgabe verschrieben.

Und mit unserem Gründungsvorsitzenden Franz Meier verlieren wir heute ein echtes Urviech!

Ein Urviech! Ja, lieber Franz, so hast du dich selbst immer genannt. Dabei bist du noch in deinen jungen Achtzigern! Bei der Behörde schätzten sie dich als zuverlässigen und fleißigen Kollegen, doch deine wahre Leidenschaft, das wurde schnell klar, war und bleibt der Tierschutz!

Meine sehr verehrten Damen und Herren! Wo stünde unser Verein heute ohne den Franz Meier? Ich will es Ihnen sagen: Es gäbe diesen Verein gar nicht.

Denn damals, im Jahre 1972, zweifelten nicht wenige, ob es wirklich dieser gemeinsamen Anstrengung für den Tierschutz bedürfe. Der Franz hat sie fast alle überzeugt. Und dafür sage ich heute: Danke!

Begrüßungsrede

Sei es hoher Besuch oder eine Schulklasse auf Wandertag: Mit einer gelungenen Begrüßungsrede bringen Sie Ihren Gästen Wertschätzung entgegen. Eine wichtige Geste, die aufmerksam bemerkt wird. Auf jeden Fall ist Ihre Begrüßungsrede stets zugleich ein Aushängeschild für Ihre Partei oder Ihren Verband.

Mit einer gelungenen Begrüßungsrede können Sie persönliche Akzente setzen und zugleich Ihre Botschaft transportieren. Denn ob Ihre Themen bei den Zuhörern Gehör finden, hängt ganz entscheidend von Ihrer Fähigkeit ab, die Rede mit persönlichen Bezügen authentisch und nachvollziehbar zu gestalten.

Liebe Mitglieder des Landschaftsvereins!

Heute ist ein besonderer Tag: Nach über 11 Monaten Vorbereitungszeit kann ich Sie nun alle auf dem von uns mitgestalteten Naturschutzgebiet am Quellstein begrüßen.

Der Erlebniswanderpfad mitten in dieser geschützten Landschaft wird sich ohne Zweifel gerade für Kinder als spannende Forscherreise etablieren. Jedenfalls sagen mir das meine eigenen Kinder und die können sehr kritisch sein, was Ausflüge mit ihrem Papa betrifft. Ich traue mich deswegen stolz zu verkünden: Wir haben es geschafft!

„Die Natur muss gefühlt werden", sagte schon Alexander von Humboldt, und wie wichtig das auch heute noch ist, zeigte bei der zentralen Feier heute Vormittag schon ein Blick in die vielen jungen Gesichter, die sich heute zahlreich eingefunden haben.

Pädagogen weisen nicht erst seit gestern auf die enorme Bedeutung von Erlebnissen in der Natur für Heranwachsende hin. Darum ging es uns auch immer: Nicht ein eingezäuntes Naturschutzgebiet mit großen „Betreten verboten" Schildern, sondern ein einladender Erlebnispfad, der neugierig macht und einlädt zum verantwortungsvollen Umgang mit der

Natur. Das war eine große Aufgabe. Viel Geld und Fleiß hat es gekostet. Aber heute können wir alle miteinander stolz darauf sein, was aus unserem Projekt geworden ist!

Dankesrede

Nicht erst seit Ratgeber zum Thema „Netzwerken" den Büchermarkt überschwemmen, wissen wir um die Bedeutung von persönlichen Freundschaften im Politikbetrieb wie auch beim Engagement für Vereine. Daher ist es ganz sicher nicht übertrieben, wenn Sie einem Parteifreund oder verdienten Vereinsmitglied Ihre Dankbarkeit öffentlich in einer Dankesrede darbringen.

Auch die eigene Truppe hat eine Dankesrede verdient. Ist sie es doch, die hinter dem Erfolg der Partei oder des Vereins steht. Neben dem formlosen Dank, der in E-Mails und persönlichen Gesprächen regelmäßig geschieht, bieten sich auch Veranstaltungen und Feste hierfür an. Eine Dankrede muss von Herzen kommen, alles andere merken die Zuhörer auch beim besten Redemanuskript schnell.

Sie müssen sich aufrichtig über eine erfüllte Zielvorgabe oder eine besondere Leistung freuen. Verbinden Sie dies mit einem direkten Lob an die Leistungsträger und einer dezenten Aufforderung, jetzt nicht nachzulassen. Sie werden sehen: Ein Dankeschön hat ungeahnte Effekte!

Liebe Helga!
Liebe Parteifreunde!

Plakate kleben, Unterschriften sammeln, Stände in der Fußgängerzone aufbauen – was für die meisten in unserer Partei – mich inbegriffen – häufig eine anstrengende und mitunter auch lästige Aufgabe ist, das zelebriert unsere Helga Müller jedes Mal mit einer Sorgfalt und Motivation, die uns regelmäßig den allergrößten Respekt abnötigt.

Dafür, liebe Helga, und für die vielen anderen Verdienste in deiner nunmehr 30-jährigen Parteimitgliedschaft möchten wir dich heute feiern! Ohne dich wäre unser Ortsverband längst nicht so erfolgreich. Und ohne dich wäre er auch nicht so fröhlich.

Als Helga Müller zu uns kam, war unser Ortsverband mitten in einer tiefen Krise. Schlechte Umfragewerte und Mitgliederschwund hatten ein fast schon depressiv zu nennendes Klima erzeugt. Du wolltest dich damals aktiv als Bürgerin beteiligen und brachtest mit deinem Idealismus und deinem Tatendrang auch die anderen wieder in Schwung.

Seit damals hat unser Ortsverband sich prächtig entwickelt. Unsere Mitgliederzahlen steigen entgegen dem bundesweiten Trend auch heute noch. Das war und ist vor allem auch dein Verdienst!

Eröffnungsrede / Einweihungsrede

Ob Sie als Politiker die Schirmherrschaft über ein besonderes Projekt übernommen haben oder als Vereinsvorsitzender das neue Vereinsheim der Öffentlichkeit präsentieren - eine Eröffnungsrede hat immer einen freudigen Hintergrund. Dies dürfen Sie auch zeigen: Vor Freude strahlend sollten Sie an diesem Tag auf jedem Foto zu sehen sein.

Meistens geht einer Eröffnungsrede oder Einweihungsrede ein langer Weg voraus: Gelder müssen beschafft, Strukturen aufgebaut und bürokratische Hindernisse überwunden werden. Dies alles fällt am Tag der Eröffnung schlagartig von den Verantwortlichen ab.

Darüber kann man in seiner Rede sprechen. Auch gehört in eine gute Rede zur Eröffnung unbedingt der Dank an diejenigen, die zum Gelingen des Projekts beigetragen haben.

Liebe Mitbürgerinnen und Mitbürger!

Es ist mir eine besondere Freude, heute den neuen Schlosspark gemeinsam mit Ihnen einzuweihen. Nach 350 Jahren ist unser vormals in Privatbesitz befindliches Stadtschloss samt seiner wunderschönen Gartenanlagen nun erstmals der Öffentlichkeit zugänglich.

Der wohl berühmteste Redner aller Zeiten, Marcus Tullius Cicero, hat einmal gesagt: „Hast du ein Gärtchen und eine Bibliothek, so wird dir nichts fehlen." Unsere Stadt, meine sehr verehrten Damen und Herren, hat nun beides: Im Schloss wird ab dem 1. März unsere Stadtbibliothek ihre Pforten öffnen. Wen es nach der Lektüre des noch einmal umfangreich erweiterten Buchbestands nach etwas Zerstreuung im Grünen dürstet, der muss künftig nur noch einen Schritt zur Tür hinaus gehen.

Diese Kombination ist bundesweit eine echte Rarität. Und ohne die Hilfe tatkräftiger Unterstützer, wie des „Vereins zur Restauration des Stadtschlosses", hätten wir das auch nicht geschafft. Dafür gilt es heute zu danken! Auch der politische Wille war quer durch alle Fraktionen da. Wir haben alle an einem Strang gezogen.

Festrede

Es sind besondere Anlässe wie Partei- und Vereinsfeiern, die Mitglieder und Öffentlichkeit dauerhaft an die Partei oder den Verein binden können. Zeigt sich hier doch schnell, wie wichtig die Mitglieder den Verantwortlichen sind. Ein professionell und doch liebevoll vorbereitetes Fest verbindet weit über den Anlass hinaus.

In der Rolle des Gastgebers versteht es sich von selbst, dass Sie eine anregende Festrede halten, die den Anlass fundiert und angemessen würdigt, zugleich aber auch unterhaltsam ist. Auch die persönliche Ansprache wichtiger Gäste, Mitarbeiter und Mitglieder sollte in der Festrede genau vorbereitet sein. Denn wie bei jeder Veranstaltung in der Öffentlichkeit gilt auch hier: Jeder Augenblick zählt für die Außenwirkung Ihrer Partei / Ihres Vereins.

Sehr geehrte Frau Bürgermeisterin!
Liebe Vereinskameradinnen und Kameraden!
Verehrte Gäste!

Unser traditionsreiches Schützenfest hat in diesem Jahr ein ganz besonderes Jubiläum: Zum 30. Mal feiert der Schützenverein gemeinsam mit dem ganzen Ort. Und – das kann ich Ihnen versprechen – in diesem Jahr wird es ein ganz besonderes Fest.

Denn schließlich haben wir es heute mit einem Jubiläum zu tun. Dreißig Jahre Schützenverein! Das muss mit einem richtig hochkarätigen Schießwettbewerb gefeiert werden.

Ich lade Sie alle herzlich dazu ein, sich am Buffet zu bedienen und unsere Schützen beim Wettkampf anzufeuern! Es winken Preise im Wert von mehreren hundert Euro.

Meine sehr verehrten Damen und Herren, als Mitglied in einem Schützenverein kann man sein Augenmaß und seine Geschicklichkeit messen, sich sportlich betätigen und neue Freunde kennenlernen. Auch kann jeder damit zum Ruhm und Ansehen seines Vereins, ja, vielleicht sogar seines ganzen Wohnortes beitragen.

Im Schützenverein zu sein, das heißt nämlich auch, im Ort mit dazuzugehören. Das gilt besonders für die vielen Familien, die mittlerweile in drei Generationen bei uns vertreten sind...

Geburtstagsrede

Gerade runde Geburtstage werden häufig auch in Parteien und Vereinen gefeiert. Natürlich besonders dann, wenn der Vorsitzende selbst das Geburtstagskind ist. Doch selbst kleinere Geburtstagsfeiern sind eine Möglichkeit für die Mitglieder, dem Geburtstagskind ihre Wertschätzung auszudrücken.

Natürlich umso mehr, je länger derjenige schon in der Partei oder dem Verein ist. Für Führungspersönlichkeiten sind solche Anlässe eine willkommene Gelegenheit, dem betreffenden Mitglied zu zeigen, wie wichtig er oder sie ihnen auch persönlich ist. Geburtstagsreden können ganz informell im kleinen Kreis, aber auch auf großen Feiern vorgetragen werden.

Hat der Vorsitzende selbst Geburtstag, wird bis zur örtlichen Blaskapelle häufig alles aufgeboten, das Rang und Namen hat. Hier gebietet sich für die Gratulanten von selbst: Weniger Redezeit ist mehr. Übrigens kann sich auch das Geburtstagskind selbst in einer kurzen Rede für die Aufmerksamkeit der Mitstreiter bedanken.

Lieber Theo!
Liebe Vereinsmitglieder!

Heute feiern wir den 50. Geburtstag unseres Präsidenten. Erst hast du dich – bescheiden wie du bist – mit Händen und Füßen gegen eine so große Party in unserer schönen Stadthalle gewehrt. Doch wir haben dich nicht auskommen lassen, denn unser Verein wäre ohne dich nicht das, was er ist. Lassen Sie uns also heute den Mann feiern, der seit nunmehr 26 Jahren die Geschicke des Kunstvereins prägt.

Meine Damen und Herren, „eine Jugendsünde ist, wenn man jung ist und es verpasst." Dieses Zitat des Schriftstellers Erich Maria Remarque trug Theo Meier früher wie ein Banner vor sich her. Im Alter von gerade einmal 19 Jahren besuchte er schon die Akademie der Künste und versuchte sich nebenbei bereits erfolgreich als Maler.

In unseren Verein kam Theo Meier im Jahre 1980 – bereits fünf Jahre später wurdest du, lieber Theo, unser Präsident. Und so erfolgreich du deinen eigenen künstlerischen Weg gegangen bist, so unermüdlich und fleißig hast du auch für unseren Kunstverein gearbeitet. Heute stehen wir besser da denn ja. Und deshalb musst du nun diese riesengroße Feier über dich ergehen lassen.

Gratulationsrede / Lobrede

Das Erreichen von Zielen und das Übertreffen von Vorgaben macht Erfolg aus. Wenn ein Bereich der Partei oder des Vereins exzellente Resultate vorweisen kann, sollten Sie Ihren Mitstreitern dafür danken. Ein von Herzen kommendes Lob kann ein ungemein großer Ansporn sein, weiter Höchstleistungen zu erbringen.

Wichtig ist, dass Sie mit Ihrer Gratulationsrede / Lobrede bei aller Fachkenntnis und Würdigung der spezifischen Leistung immer auch eine persönliche Ebene einnehmen. Politik wird von Menschen gemacht, das sollten Ihre Zuhörer auch als Botschaft mitnehmen. Wenn Sie dies beherzigen, wird Ihr Lob auch jenseits der Würdigung von Fakten und Zahlen beim Publikum ankommen.

Liebe Vereinsmitglieder,
liebe Förderinnen und Förderer!

„Ein Verschönerungsverein? Was soll das denn?" – Diese Frage ist mir als Präsident unseres nun schon seit 15 Jahren bestehenden Vereins zur Verschönerung des Ortes häufig gestellt worden. Doch niemand wird bestreiten, dass unsere Heimat manche Verschönerung durchaus vertragen kann. Denn die Verödung des ländlichen Raumes ist leider auch bei uns eine demografische Realität.

Dem wollten wir als Verein entgegenwirken, und das ist uns über die Jahre dank Ihnen allen hervorragend gelungen. Heute möchte ich Ihnen für das bis jetzt Erreichte herzlich danken und Sie für Ihr Engagement loben!

Gibt es eine bessere Motivation als den Erfolg? Sie, liebe Vereinsmitglieder, haben durch Ihre Tatkraft enormes geleistet. Der Park ist von Unkraut und Müll befreit, neue Parkbänke laden am Markt zum Verweilen ein und die Fassade des historischen Wasserturms ist ausgebessert worden...

Jubiläumsrede

Ein Partei- oder Vereinsjubiläum ist ein Ereignis, das es zu feiern gilt. Denn hinter einer erfolgreichen Partei oder einem erfolgreichen Verein stehen immer Menschen, die mit Kreativität, Fleiß und Leidenschaft ihre Themen und Ziele vorangebracht haben. Diesen Menschen gilt es zu danken.

Die Rede hält meist der Vorsitzende, doch auch einfache Mitglieder können auf diese Weise ihre Verbundenheit zum Ausdruck bringen. Wichtig ist, dass Sie sich vor der Veranstaltung abstimmen und wissen, wer vor Ihnen spricht und worum es in den anderen Reden thematisch ungefähr geht.

Auch muss die Rede von Herzen kommen: Ihre Verbundenheit mit den Mitgliedern, gemeinsam erlebte Herausforderungen und Anekdoten, das sind Themen, die unbedingt in Ihre Rede zum Jubiläum gehören. Ebenfalls sollten Sie in die Zukunft blicken: Welches sind die nächsten Etappenziele? Wo steht die Partei / der Verein gerade? Eine gelungene Jubiläumsrede verbindet diese Elemente und bleibt dabei doch kurzweilig.

Verehrte Gäste!
Liebe Freunde!

Vor kurzem wurde ich auf einer Familienfeier gefragt, was mich an der Feuerwehr eigentlich so sehr begeistert. Für die Antwort brauchte ich nicht lange zu überlegen, denn ich wusste mehr als einen Grund, in die Freiwillige Feuerwehr einzutreten.

Einer ist sicherlich, dass ich gerne mitten in der Nacht von einer alles durchdringenden Sirene geweckt werde. - Spaß beiseite. Kann es eine sinnvollere und ehrenvollere Aufgabe geben als Menschen in der Not zu helfen?

Daneben gibt es aber selbstverständlich noch etliche andere Vorteile des Wirkens in der Feuerwehr, die nicht direkt etwas mit der eigentlichen Aufgabe zu tun haben.

So wird bei uns die Geselligkeit ganz besonders groß geschrieben. Dafür sorgt nicht nur unser Feuerwehrfest, das wir jedes Jahr im Mai ausrichten.

Auch bei vielen anderen Feierlichkeiten unserer Heimatstadt sind wir dabei. In der Freiwilligen Feuerwehr zu sein, das heißt also auch, in der Stadt mit dazuzugehören und etwas sehr sinnvolles für die Allgemeinheit zu tun.

Im Verlauf unseres 50-jährigen Bestehens ist die Mitgliedschaft bei unserer Feuerwehr für viele Bürger zu einer liebgewordenen Tradition geworden. Dafür gilt es Ihnen heute ganz herzlich zu danken!

Kandidaturrede

Wer sich um ein Mandat oder einen Vereinsposten bewirbt, hat meist mehrere ernstzunehmende Wettbewerber. Mit der Kandidaturrede können Sie dazu beitragen, das Rennen für sich zu entscheiden. Überzeugend, kompetent und zielstrebig sollten Sie wirken – und dabei menschlich bleiben.

Besonders in der Politik versteht es sich von selbst, dass Kandidaturreden zu den wichtigsten Reden überhaupt gehören und entsprechend viel Zeit und Aufwand bei der Vorbereitung beanspruchen. Themen müssen sorgfältig gesetzt werden, zugleich geht es um die Frage der Vermittlung.

In einem Verein sollten Sie besonders auf das Wir-Gefühl achten, die Verbundenheit mit der Organisation und ihren Mitgliedern betonen. Denn schließlich möchten Sie das Vertrauen für einen wichtigen Posten gewinnen. Mit einer stimmigen Rede, die immer auch persönliche Bezüge und Anekdoten enthält, wird Ihnen das gelingen.

Meine sehr verehrten Damen und Herren!

Ein griechisches Sprichwort besagt: „Nichts schadet so sehr deiner Vergangenheit wie die Einwilligung, ein Kandidat bei den Wahlen zu sein." – Nun dürfte jemand wie ich zweifellos gut daran tun, sich diese Weisheit zu Herzen zu nehmen, zumal unsere griechischen Nachbarn uns Deutschen ja in Sachen Demokratie und Wahlen durchaus um einige Tausend Jährchen voraus sind.

Somit stellt sich die berechtigte Frage: Warum missachtet manch ein Mitbürger dennoch todesmutig solch düstere Zukunftsaussichten? Warum stellen sich fähige Leute zur Wahl für ein politisches Amt – und setzen sich damit möglicherweise dem Risiko aus, durch eine politische Kandidatur gnadenlos ihren guten Ruf einzubüßen? Obwohl sie doch anderswo ein wesentlich ruhigeres Leben haben könnten – von einer besseren Entlohnung ganz zu schweigen.

Nun, rein oberflächlich betrachtet, lässt sich diese Frage leicht beantworten. Im Grunde genommen genügen dafür nur die magischen fünf Worte: „Ich möchte politisch etwas bewegen!"

Meine Damen und Herren – mir ist schon klar, was viele von Ihnen jetzt denken. Denn diese Formulierung ist Ihnen in diesen Tagen ganz gewiss schon so häufig zu Ohren gekommen, dass sie Ihnen längst zu denselben heraushängt. Viele Unzufriedene werden sich fragen: Was ist denn eigentlich letztlich daraus geworden? Was hat sich eigentlich in die richtige Richtung bewegt, seit ich zum letzten Mal im Wahllokal meine beiden Kreuzchen gemacht habe? Was hätte sich bewegen können? Beziehungsweise: Was hätte sich bewegen müssen?

Ihre Zweifel und Fragen sind berechtigt. Und wenn Sie mir jetzt ein paar Minuten Ihrer Zeit widmen, dann möchte ich Ihnen einige ganz konkrete Antworten darauf geben...

Neujahrsrede

Natürlich spielt das menschliche Bedürfnis nach Abschluss und Neubeginn auch für Parteien und Vereine eine Rolle. Die Weihnachts- und Silvesterfeiern in vielen Organisationen zeugen davon.

So ist eine gelungene Neujahrsrede denn auch Rückschau und Ausblick zugleich. Mitarbeitern und Mitgliedern ist für das abgeschlossene Jahr zu danken, zugleich gilt es, einen Ausblick auf die nähere bis mittlere Zukunft zu geben und Chancen aufzuzeigen.

Zu einer guten Neujahrsrede gehört immer ein ordentliches Maß an Tatendrang und Zuversicht. Doch das weckt man nicht mit allgemein gehaltenen Phrasen, sondern nur mit konkreten Zielvorstellungen. Hinzu sollte auch eine persönliche Note kommen. Wie haben Sie das Jahr in Ihrer Organisation erlebt? Welches waren Ihre schönsten Momente / die interessantesten Anekdoten?

Eine gelungene Neujahrsrede braucht wegen ihrer unterschiedlichen Elemente durchaus eine gewisse Länge. Dass Sie dennoch kurzweilig und unterhaltsam bleiben ist dann die Kür für Ihre Neujahrsrede!

**Liebe Schülerinnen und Schüler,
liebe Eltern,
liebe Kolleginnen und Kollegen,**

zum ersten Mal treffen wir uns heute zur Neujahrsfeier der Jugendmusikschule! 500 von 650 Schülerinnen und Schülern sind heute Abend mit ihren Eltern hier. Darauf möchte ich vor Freude auf meiner Trompete gleich einen großen Tusch spielen!

Für Ludwig van Beethoven war Musik „eine höhere Offenbarung als alle Weisheit und Philosophie." Ich denke oft daran, wenn ich mit kleinen Kindern in der musikalischen Früherziehung arbeite.

Da sitzen Jungen und Mädchen von 6 bis 8 Jahren beieinander, die ohne Berührungsängste und Vorurteile drauflos musizieren, dass es eine Freude ist.

Für sie und für mich. Während es in der Grundschule wie wir wissen leider häufig zu Ausgrenzung und Feindseligkeiten kommen kann, ist die Musikschule ein fröhlicher Ort.

Musik ist die einzige Sprache, die überall auf der Welt verstanden wird. Wer ein Instrument spielt oder singt, der kann sich damit auf dem ganzen Planeten verständigen.

Auch das hat Beethoven gemeint, als er von der „höheren Offenbarung" sprach. Musik verbindet und Musik kann sogar Frieden stiften.

Richtfestrede

Das Haus oder die Halle ist gebaut, die oft jahrelange Anstrengung zahlt sich aus. Höchste Zeit für das Richtfest! Mitglieder, Bauträger und gegebenenfalls auch die neuen Nachbarn sind herzlich eingeladen. Meist hält der Vorsitzende die Richtfestrede, bedankt sich für den reibungslosen Bau und die Unterstützung durch die betreffenden Firmen.

Die Kernbotschaft: Es hat sich gelohnt! Doch manchmal hält auch ein anderer Gast die Rede: Etwa der Architekt, der noch einmal die Herausforderungen und Aufgaben während des Baus schildert.

Die Kür ist es, diese Bestandteile der Rede zum Richtfest mit einem Ausblick auf die Gesamtsituation zu verbinden: Welche Bedeutung hat das neue Haus / die neue Halle für die Partei oder den Verein? Werden vielleicht sogar Arbeitsplätze entstehen?

Auch sollte der Redner sein Publikum spüren lassen, dass er sich vor Ort auskennt. Mindestens eine vorherige Besichtigung nebst Gesprächen mit Arbeitern und Nachbarn gehört zur Vorbereitung der Richtfestrede dazu.

Sehr geehrter Herr Bürgermeister Meier!
Liebe Vereinskameraden!
Meine Damen und Herren!

Auf den heutigen Tag haben wir lange hingearbeitet. Und es hat sich gelohnt: Das neue Vereinsheim ist größer und schöner geworden als wir es uns je hätten vorstellen können. Es lohnt sich eben doch, einmal die ausgetretenen Pfade zu verlassen und einen jungen, kreativen Architekten wie Herr Siemer es ist, heranzulassen.

Meine Damen und Herren, „Stein und Mörtel bauen ein Haus, Geist und Liebe schmückten es aus." - Dieses Sprichwort hatten wir im Sinn als wir vor nunmehr acht Jahren beschlossen haben, ein neues Vereinsheim zu bauen.

Eine Begegnungsstätte für die Aktiven und Ehemaligen aus unseren vielen Sportgruppen sollte es werden. Und wenn ich heute in die Gesichter von über 200 Mitgliedern unseres Vereins blicke, bin ich mehr als zuversichtlich, dass dies auch so kommen wird.

Herr Bürgermeister Meier, von Anfang an haben Sie persönlich und hat die gesamte Gemeinde unser Vorhaben unterstützt. Dafür möchten wir Ihnen heute danken. Dass ein Bauvorhaben dieser Größe immer mit einem gewissen Maß an Bürokratie verbunden ist, versteht sich von selbst.

Dass uns aber engagierte Behördenmitarbeiter durch viele persönliche Überstunden immer wieder den Weg in Richtung unseres Ziels zeigten, war alles andere als eine Selbstverständlichkeit und erfüllt uns mit Dankbarkeit.

Tischrede

Ob Mitgliedertreffen im kleinen Kreis oder Bankett mit Hunderten geladenen Gästen: Mit einer formvollendeten Tischrede verbindet der Gastgeber höfliches Ritual und Themenvermittlung.

Es gilt, die Gepflogenheiten für eine Tischrede einzuhalten, sie insbesondere zeitlich nicht derart auszudehnen, dass der nächste Gang kalt wird.

Eine Tischrede muss immer auch unterhalten. Wer dies beherzigt, kann über alle Themen sprechen, die ihm am Herzen liegen: Die Situation in der eigenen Partei oder im Verein, die Rahmenbedingungen, die große weite Welt - mit einer guten Tischrede gewinnen sie Verständnis für Ihre Situation und Ihre Positionen zu bestimmten Themen.

Dabei bleibt dieses kleine, aber wirkungsvolle Rhetorik-Instrument längst nicht nur dem Tischherrn überlassen: Auch Gäste können sich mit einer kurzen, prägnanten Rede ins Gespräch bringen.

Sie sehen: Die Möglichkeiten für eine Tischrede werden durch fast nichts begrenzt – außer durch den nächsten Gang.

Liebe Kolleginnen und Kollegen!

Über die Parteigrenzen hinweg verbindet alle im Stadtrat vertretenen Fraktionen unser guter Geschmack! Ich freue mich sehr, dass wir wieder einmal vollzählig im Ratskeller versammelt sind – und das schon im fünften Jahr. Oben im Rathaus gelingt uns diese überwältigende Anwesenheitsquote ja nicht immer.

Meine Damen und Herren, „das mit der Faust auf den Tisch schlagen nimmt ab, wenn er gedeckt ist." Diese Erkenntnis des Schriftstellers Peter Maiwald trifft auch auf unsere jährlichen Runden hier im Ratskeller zu.

Ich selbst finde es immer wieder ungeheuer wohltuend und befreiend, mich auch mit Menschen, die ganz andere politische Inhalte vertreten als meine eigene Partei, in dieser freundschaftlichen Runde zu treffen.

Im Alltag des inhaltlichen Wettstreits tritt unsere wichtigste Gemeinsamkeit manchmal in den Hintergrund. Doch sie ist wichtig: Alle hier am Tisch sind überzeugte Demokraten, die einen Großteil ihrer Freizeit der Politik widmen.

Darauf, liebe Kolleginnen und Kollegen, kommt es an, darauf dürfen wir wirklich stolz sein und das ist es, was uns über alle Parteigrenzen hinweg verbindet.

Was werden wir nun also auf den Teller bekommen? Wie immer hat ein fraktionsübergreifender Ausschuss diese Frage bis in Detail erörtert. Und ich kann Ihnen versichern: Für jeden Geschmack ist etwas dabei!

Trauerrede

Für Politiker zählt das Halten von Trauerreden häufig zum Alltag. Auch in Vereinen und Verbänden gilt es, verstorbenen Mitgliedern und

Funktionsträgern zu gedenken. Mit einer persönlichen Trauerrede können Sie Ihre Anteilnahme zum Ausdruck bringen.

Die Vorbereitung einer Trauerrede erfordert umfangreiche Vorbereitung. Hier können wir Sie unterstützen: Anhand Ihrer Angaben bereiten wir ein Redemanuskript vor, mit dem Sie den Verstorbenen angemessen und würdevoll ehren.

Liebe Frau Meier!
Liebe Angehörige, Freunde und Vereinsmitglieder!

Uns bringt ein sehr trauriger Anlass zusammen: Unser langjähriger Trainer Thomas Meier ist in der vergangenen Woche völlig unerwartet verstorben. Im Namen des SC Musterstadt möchte ich Ihnen, liebe Frau Meier und Ihrer ganzen Familie unsere tiefe Anteilnahme ausdrücken.

Thomas hat sich im Verein vor allem durch seine Vielseitigkeit ausgezeichnet: Zwischen der Organisation der Weihnachtsfeier, der Fastnachtsversammlung und dem alljährlichen Sommerfest des Vereins gab es für ihn jede Menge zu tun. Thomas war auch außerordentlich erfolgreich dabei, Spenden zu sammeln und neue Sponsoren für den Verein zu gewinnen. Und das alles machte er nebenher, denn als Hauptaufgabe trainierte Thomas unsere Tennisjugend! Nach seinem Tod habe ich mit vielen seiner ehemaligen Schüler gesprochen, die damals in der Mannschaft waren.

Heute sind die meisten von ihnen schon erwachsen. Sie alle haben betont, dass Thomas im Laufe der Zeit zu einem persönlichen Freund für sie geworden ist. Er war bei jedem einzelnen Turnier dabei und feuerte sie begeistert an. Hatte man einen schlechten Tag, so schaffte es Thomas trotzdem, Bestleistungen aus einem herauszukitzeln.

Eine Tennisschülerin erzählte mir etwa, dass er eigens für sie das Training unterbrochen hat als sie mit einem dringenden Problem zu ihm kam: Als sie erfuhr, dass sie ein Schuljahr wiederholen musste, war Thomas der erste, der sie tröstete. Sie ist, wie die meisten seiner Schüler, noch lange nach der Vereinszeit mit ihm in Kontakt geblieben und spielt – ebenfalls wie die meisten seiner Schüler – noch immer begeistert Tennis.

Generationen von Kindern und Jugendlichen hat Thomas das Tennisspielen beigebracht. Geht man den Flur direkt nach dem Eingang des Vereinsgebäudes entlang, so sieht man auf der linken Seite die jährlichen Fotos der Tenniskinder mit ihren Trainern. Als ich diesen Flur entlang gegangen bin und mir die Fotos angeschaut habe, wurde mir seine Lebensleistung für den Verein sehr bewusst.

Weihnachtsrede

Die Weihnachtsfeier gehört für viele in der Partei oder im Verein zu den Höhepunkten des Jahres. Wie sonst nur selten kommen Mitglieder beim gemeinsamen Feiern miteinander ins Gespräch. Gerade für die Führungspersönlichkeiten gibt es hier die Gelegenheit, ihren Mitgliedern auf Augenhöhe zu begegnen.

Wie Sie Ihre Weihnachtsrede vortragen, hängt natürlich ganz wesentlich vom Charakter der Weihnachtsfeier ab: Handelt es sich um eine offizielle Feierstunde? Oder trifft man sich zwanglos im Restaurant? In jedem Fall ist eine Weihnachtsrede immer auch ein Jahresrückblick, der wichtige Ereignisse und Leistungen in Erinnerung ruft. Zugleich gibt sie einen Ausblick auf das kommende Jahr und die zu erwartenden Herausforderungen und Chancen.

Doch im Zentrum steht die persönliche Ansprache der Mitglieder, die persönliche Würdigung ihres Einsatzes. Stark werden Weihnachtsreden immer dann, wenn sie über Allgemeinplätze hinaus konkret einzelne Vorgänge und Erlebnisse ins Gedächtnis rufen. Widmen Sie Ihrer Weihnachtsrede viel Aufmerksamkeit! Schließlich verabschieden Sie sich mit ihr in das neue Jahr.

Liebe Vereinsmitglieder!

Was sind wohl für jedermann die Höhepunkte eines jeden Jahres? Genau – es sind die Feste und Feierlichkeiten. Wir als Gesangverein können davon im wahrsten Sinne des Wortes ein Lied singen. Schließlich stellen gerade diese Feierlichkeiten die Anlässe dar, zu denen wir unser Können präsentieren dürfen.

Nun gibt es natürlich verschiedene Arten von Feiern, die wir mit unseren Stimmen und unserem Repertoire bereichern. Nehmen wir hier vor Ort beispielsweise unser Stadt- oder unser Schützenfest oder die runden Geburtstage angesehener Persönlichkeiten. Daneben gibt es einige staatliche Feiertage wie etwa den ersten Mai oder den dritten Oktober, an denen unsere Sangeskünste zugegeben eher selten gefragt sind. Ganz anders sieht es da allerdings schon wieder bei der dritten Kategorie von Feiertagen aus, nämlich bei den kirchlichen Feiertagen.

Unter all diesen Feiertagen nimmt jedoch einer eine ganz besondere Stellung ein, und das ist definitiv das Weihnachtsfest. Zwar ist Weihnachten ein Fest, das eine Veränderung, einen Wechsel markiert. Aber denselben Anspruch erheben immerhin auch alle anderen kirchlichen Feiertage wie etwa Ostern, Pfingsten oder Christi Himmelfahrt.

Und doch ist Weihnachten im Gegensatz dazu das einzige Fest, an dem dieser Wechsel buchstäblich für jedermann erlebbar und spürbar wird. Der Wintersonnenwende sei Dank. Und unser Kalender tut dazu sein übriges, indem er sieben Tage später ein brandneues Jahr einläutet. Kein Wunder also, dass viele Menschen gerade das Weihnachtsfest traditionell zum Anlass nehmen, bevor etwas Neues beginnt, noch einmal Rückschau auf die vergangenen zwölf Monate zu halten. Auch ich möchte mich dieser guten Tradition gern anschließen...

Merksätze für Redner

1. Sprechen Sie langsam! Langsam und akzentuiert und genieren Sie sich nicht, zu fragen, ob Sie auch in den hinteren Reihen des Raumes gut verstanden werden.

2. Denken Sie daran, Pausen einzulegen. Diese dürfen ein wenig länger sein als diejenigen in Gesprächen. Ihre Zuhörer haben so die Möglichkeit, Ihren Gedanken zu folgen.

3. Sprechen Sie ruhig laut. Wenn Sie leise sprechen, hält man Ihre Rede für schlecht. Durch Heben oder Senken der Stimme betonen Sie das, was Sie sagen wollen. Hüten Sie sich aber davor, zu schreien!

4. Setzen Sie Mimik und Gestik vorsichtig ein. Weniger ist mehr! Bleiben Sie natürlich und präsentieren Sie sich so wie Sie sind.

5. Denken Sie daran: Blickkontakt zu den Zuhörern zu halten ist sehr wichtig! Sehen Sie immer wieder vom Blatt auf. Und sehen Sie jeden an. Das fordert vielleicht etwas Überwindung, stärkt aber Ihr Selbstbewusstsein.

6. Ihre Kleidung sollte dezent, ansprechend aber auch bequem sein, sie müssen sich darin wohlfühlen. Für Männer gilt: Die Krawatte darf nicht abschnüren. Für Frauen: Die Handtasche darf nicht stören.

7. Halten Sie Ihre Rede mindestens einmal vorher zur Probe. Vielleicht sogar vor dem Spiegel.

8. Falls Sie Lampenfieber haben und mitten im Vortrag stecken bleiben, heißt es die Ruhe zu bewahren. Trinken Sie einen Schluck Wasser, atmen Sie tief durch und sagen Sie zum Beispiel: „An dieser Stelle hatte ich mir 'Pause' notiert – und

sie ist tatsächlich eingetreten." Humor hilft – und Sie haben die Zuhörer auf Ihrer Seite.

9. Wenn es möglich ist, können Sie mit Humor aufhören. Endet die Rede mit einem Scherz, halten alle Zuhörer sie für gelungen!

Lampenfieber

Wer kennt dieses beklemmende Gefühl nicht? Selbst hervorragende Redner kämpfen damit. Der Unterschied besteht darin, dass sie wissen wie man damit umgeht. Folgende Strategie hilft: Wasser trinken und tief durchatmen. Optimale Vorbereitung bedeutet, dass Sie ruhig und gelassen bleiben können. Denken Sie an Situationen, in denen bereits alles geklappt hat.

Wählen Sie mit Bedacht die richtige Kleidung für den Anlass, auch das gibt Sicherheit. Gehen Sie ruhig und gefasst zum Redeort, das gibt Ihnen Sicherheit für den Anfang. Beginnen Sie mit Ihrer Ansprache, suchen Sie Blickkontakt zu Ihren Zuhörern - und schon nach kurzer Zeit werden Sie merken, dass Sie „gut ankommen" und Ihre gewissenhafte Vorbereitung sich gelohnt hat.

Körpersprache

Die Gestik trägt dazu bei, dass der Redner lebendiger und intensiver wahrgenommen wird. Es ist immer der ganze Mensch am Kommunikationsprozess beteiligt. Neben der Sprache vermittelt der Körper eine Vielzahl von Signalen, welche Sie gezielt einsetzen sollten. Generell gilt: Bleiben Sie natürlich in Ihrem Auftreten, in Haltung, Mimik und Gestik. Übertreiben Sie nicht. Wer sich selbst treu bleibt, bei dem bilden das gesprochene Wort und die Körpersignale eine Einheit.

Vom Blatt ablesen

DIN A4 Blätter, große Schrift, Seiten nur einseitig beschriften und gut sichtbar nummerieren, wichtige Textstellen mit Farben oder durch Unterstreichen notieren. Nicht vergessen: Manuskript auflegen, möglichst nicht in den Händen halten. Kontakt zu den Zuhörern nicht vergessen, daher nicht zu viel auf den Text sehen. Auf jeden Fall:

Vorher die Rede üben – am besten vor dem Spiegel – aber bitte nicht auswendig lernen.

Blackout

Der Alptraum jedes Redners - mitten in der Rede verliert man den roten Faden. Gleich vorweg: Niemand ist dagegen gefeit, mal stecken zu bleiben. Das Wichtigste ist jetzt: Ruhe bewahren! Es gibt verschiedene Möglichkeiten, wie Sie mit diesem Missgeschick fertig werden können. Sie können zum Beispiel den letzten Satz wiederholen, vielleicht fällt Ihnen dabei ein, wie es weitergeht.

Oder: Legen Sie mit überzeugenden Worten eine kurze Pause ein. Stellen Sie Fragen an Ihre Zuhörer, um sich so eine Atempause zu verschaffen. Notfalls geben Sie einfach zu, dass Ihnen der rote Faden gerissen ist und fassen Sie das, was Sie bereits gesagt haben, noch einmal zusammen. Mit Sicherheit können Sie sich dann daran erinnern, wie es weitergeht.

Redeschluss

Der Schluss muss für jeden Zuhörer logisch sein. Er ist der Höhepunkt der Rede. Denken Sie daran, dass der letzte Satz so betont wird, dass man ihn auch als Schluss-Satz erkennen kann. Bleiben Sie danach ruhig stehen und sehen Sie Ihre Zuhörer noch einmal an, dann treten Sie vom Podium zurück. Der Beifall gehört Ihnen.

Englische Reden

In Unternehmen aller Branchen sowie in großen Verbänden wird zunehmend auf Englisch kommuniziert. Aber auch im privaten Umfeld bewegen sich immer mehr Menschen in einem internationalen Kontext. Der Redenservice kann Ihre Rede daher selbstverständlich auch in englischer Sprache für Sie formulieren. Nachfolgend finden Sie einige Anregungen für Reden auf Englisch:

Business Anniversary Speech

A company anniversary is a very special event. It denotes that apart from ordinary business operations, added value is generated daily for both staff and society. Every successful company is backed by people who have combined their creativity, diligence, and passion to support products or services.

If a company is owner-managed, the speech is of course given by the owner. In the case of listed companies, it is for the chief executive officer or the chairperson of the supervisory board to say a couple of words.

Suppliers and customers might also want to use the opportunity at larger anniversary celebrations to express their appreciation of the people behind the company.

Experience has shown that personalising the company and talking about "its milestones" usually does not work very well. Speakers are better advised to put their staff at the centre of attention and appreciate their commitment to the company.

Words of thanks should also be addressed to customers, suppliers, friends, and sponsors.

Mayor Lawson,
Colleagues,

Ladies and Gentlemen:

Exactly ten years ago, on a stormy January morning, I signed the papers that made it official: I had founded a company. A company that, in many ways, was just an extension of my childhood passion for gaming.

Many people predicted I would not last a year in this world, that I was too idealistic to cope with everyday business life, and that I would get things in a "virtual" mess in no time.

Fortunately, these people were wrong. But it was not me who proved them wrong; not me alone, anyway. Almost everyone in the audience today – with the exception of Mayor Lawson, obviously – came to work with this company at some point over the last ten years, and has stayed faithfully by my side ever since.

Together, we have made VideoDoe a success. Together, we have made sure that we can gather here today and celebrate our first milestone anniversary.

Ten years is both a long time and a very short time. Compared to a giant such as Microsoft, our company is still adolescent. On the other hand, ten years in a sector that is constantly and rapidly advancing is an achievement we can be proud of. It means we have managed to establish ourselves in this sector. We've claimed our rightful place here.

Ten years ago, I was a young man with a dream that was simple enough: I wanted to create video games. So I employed a creative team and a software engineering team, set up a financial department, and expected everyone to eliminate the impossible from my ideas and turn them into something that would not only be new and exciting and magical, but that would also sell. Miraculously, it worked out...

Birthday Speech

Birthdays do not exactly come as a surprise, and still we celebrate especially decadal birthdays enthusiastically. Be it a 50th, 70th or even 90th birthday: with advancing age, birthdays become increasingly important as occasions when family and friends can show how much the birthday child means to them.

We sing "For (s)he's a jolly good fellow", we celebrate with delicious food, drinks, and the obligatory birthday cake. What would be more natural than to also honour the jubilarian with a personal birthday speech?

Of course, there is a difference between a speech for a 30th and for an 80th birthday, both in content and audience. The speech should also take into consideration the framework of the celebration. A formal meal at a fancy restaurant requires its own kind of language, just as the relaxed get-together in a party tent does.

The wish at the core of the speeches, however, is the same: to show the birthday child how important he or she is to you. The other guests are simultaneously entertained with anecdotes about mutual experiences. An infallible sign of the success of the speech is whether it lingers in the memory even after the party.

Dear family,
dear friends,

When I was 18, I was wary of everybody over 25, let alone people who already had a decent job at that age. As soon as I turned 25 myself, I was forced to revise the age boundary upwards. This gave me a breathing spell until 40. I imagined my 40-year-old self in a stable relationship and in a flat of passable size and condition: wishes my 25 year-old self considered simply unattainable.

At the age of 40, I had to find yet another acceptable milestone. Old age, so I reasoned, definitely did not begin before 50. With the first reading glasses, a light gastritis caused by stress, and holidays spent in hotels without child care facilities.

I got my first reading glasses at the age of 45, my stomach is in perfect condition, and I still prefer holiday apartments to hotels. Being 50 is completely different from what I imagined it to be – it is far better, as was obvious to Oscar Wilde:

The tragedy of old age is not that one is old, but that one is young.

Those of you who envy me, rest assured that one day it will be your turn: wrinkles are democrats, as Lord Byron says, they come to everybody.

It is true, seen through the eyes of an 18-year-old: I am old, and I am thankful for it. The reason is that the years have given me all the dear people who are here to celebrate my 50th birthday with me. Thank you for coming, and thank you for all the happy times we have already spent together. These moments are the true reason for this celebration.

Motivation Speech

The motivation of the staff is one of the most important tasks for entrepreneurs and executives. Some believe in sending their employees to expensive seminars and have them walk on live coal. Most others, however, rely on a tried and tested tool which has proven to be convincing since ancient times: a speech.. Swearing a team to a mutual aim is the challenge of any motivation speech.

The key to the success of a motivation speech is the personality of the speaker: it will pay if the staff develops trust in the competence and personality of the executive before an important task is tackled. This is a plus which can then be used to reach milestones. Try to continually add this personal dimension to your speech.

It goes without saying that modern business life has its own system of incentives – a mostly pecuniary system. However, this should not lead us to underestimate the importance of personal convictions. It is not unusual for companies with bad starting positions but a high degree of motivation among their staff to outdo others whose staff does not support the company wholeheartedly. This is a potential which you need to set free.

Members of the Board,
Colleagues,
Ladies and Gentlemen:

Do any of you watch the British TV show, "The Office"? I do, because I need something caustic and funny to relax me after a long day at work. Just the other day, a character called David Brent said something that made me wonder. He quipped, "If at first you don't succeed, remove all evidence you ever tried." I'd heard this quote before, but I've never really given it much thought.

Until now. I suddenly realized that I would never ever heed that kind of advice, and I would never expect you to, either. The past six months have been rough, and our attempts to quickly put the company's worries behind us have failed. So we really cannot say that we succeeded at first.

But what, ladies and gentlemen, does that mean for us? David Brent would probably tell us to simply pretend that we haven't tried anything so far, so that the eventual success, which I do not doubt for a second, will look as if it occurred at the first attempt.

I do not agree. We learn from our mistakes. I am not even sure whether we should call our failed attempts "mistakes" at all, only because they did not yield the desired results. They were valid, legitimate attempts, and the results were that we found out what worked, and what didn't. By removing the evidence that we tried, we would also remove our chances to review that evidence, and to learn from it.

David Brent sees evidence of unsuccessful attempts as proof of weakness. I see that evidence as an incentive to keep trying. To err is human, and we all are human. And if there is one thing I know about humans, it is that they are persistent. They do not give up ...

Wedding Speech

A wedding is a unique experience for the bride and groom, family, and friends. It is traditionally the duty of the father of the bride to give a speech, but often relatives and guests like to take the chance and demonstrate their affection, too. Emphasising the personal connection to the bride and groom is very important in these speeches.

Surely you can recall one or two memorable experiences you shared with them; you can also refer to amiable characteristics and humorous past events. What message is it you would like to give the couple to take along? Perhaps quotes about matrimony by famous poets and writers? There is only one real wedding speech sin: being impersonal. The bridal couple should realise how much careful thinking about the mutual past and future went into your speech. Ideally, the speech begins with shared experiences, touches upon the challenges of marriage, and ends with your wishes for the newly-weds.

My dear child,
dear son-in-law,
dear old and new relations and friends!

Wedding days are always under immense pressure to perform. They are preceded by months of careful organisation and a considerable amount of nerves to create one perfect day. This one seems indeed to live up to our expectations. The service was moving, the weather has decided to play ball, the scenery is beautiful, the food simply beyond compare, and one could not hope to be surrounded by dearer guests.

A father of the bride, however, might still find it hard to fully enjoy his daughter's wedding – after all, isn't his little girl moving further away from him? However, looking at my daughter I sense how happy she is to have found someone she cannot imagine living without. This way, also an overprotective father like me can light-heartedly watch his child approach a new stage of life.

Looking at my son-in-law, I know she is in the best company I could wish for. Marc, I know the saying is that you can choose friends but not family – by marrying Nina, you have proved otherwise. You have been like a son to us for years; now we are happy and proud to officially welcome you in the family. However, while we will always be there to support you when you need us, this day is not about two families growing together. It is your own special union we are celebrating and for which my wife and I wish you all the best in the world.

Love is an amazing enrichment: it can double your happiness and halve your sorrows. We wish for your love to last and grow. And after 35 years of marriage, let us add: Be there for each other – this is the essence of the promise you have made today.